ＳＫＩＰ終結宣言――私たちＮＰＯを解散します

風媒社

SKIP終結宣言
私たちNPOを解散します

名古屋市女性会館の託児付き講座で知り合った四人の女性たちが一九九三年に立ち上げたSKIPの活動は、多くの仲間を呼び、輪を広げ、支えてくださる周囲の方々のお力添えで、これまで歩んでくることができました。一九九四年から二〇〇九年まで開催してきた託児付きのモーニングコンサート、クリスマスファミリーコンサートは、子育て中も本格的な音楽を味わいたいという人々の想いに応え、多くの参加をいただいてきました。

活動を始めて二十年、乳幼児の育児に悩み、藁にもすがる思いで託児付き講座に申し込んでいたあのころを懐かしく思い出しながら、子どもの成長とともに、自分たちの関心もそれぞれに広がり、生活環境も変化してきたことを実感しています。子どもが思春期に入ればまた戸惑い、進学や就職の心配をします。そして親の介護、私たち自身の身体の問題、定年後の暮らし方について、いまも悩みはつきることがありません。

それでも子育て期を支えあった仲間がいる安心感を、ＳＫＩＰを通じて実感することができています。その安心感をより多くの人と共有したいとの思いから、私たちはその時々の関心を学習会や講演会というかたちで共に学ぶ機会をつくることで、周囲に発信してきました。

私たちが提案し続けてきた託児付きのコンサートやイベントは、いまでは多くの行政が主催するようになりました。子育てのスタイルや考え方も多様化し、子ども連れを受け入れる施設や店も確実に増えてきています。名古屋のおしゃれなレストランや美術館などに、イマドキのファッションに身を包んだママたちがベビーカーで入る風景も、当たり前に見かけるようになりました。

二〇一五年四月、国による子ども・子育て支援新制度がスタートしました。私たちが発信してきたことを、私たちの仲間や後輩たちが発信し続け働きかけてきたことで、施策として整備されるようになったのです。私たちが取り組んできたことが社会を動かし、いまのママたちの子育て環境の改善に繋がってきていることを強く実感しています。

私たちはこれまでの二十年の活動を大きな自信にして、特定非営利活動法人ＳＫＩＰを解散します。

二〇一六年十一月一日　ＳＫＩＰ法人設立と同じ日に

特定非営利活動法人ＳＫＩＰ

【目次】

第六章◉ＳＫＩＰ最後の編集会議……77

第一章　モーニングコンサートとクリスマスコンサート

「平日昼間のコンサートはありませんか」

一九九四年、全国初と言われた「託児付き午前中の本格的朝のモーニングコンサート」、そのきっかけは一本の電話だった。ある企業のコンサートホールにかかってきた「平日昼間のコンサートはありませんか？」という問い合わせに、「コンサートは通常夜ですし、そんな時間にやってもお客は来ないでしょう」と職員は答えたものの、コンサートホールは午前中の利用はなく、たいてい空いている。当時名古屋市の各区には文化小劇場など文化施設が整い始めていた。他の施設との差別化を図りたいコンサートホールにとって、この電話は新たなコンサート企画へと繋がっていくきっかけとなった。

同じころ、名古屋市女性会館の託児付き講座で四人の女性が出会った。当時は「託児をしてまで勉強したいの？　子どもがかわいそう」と言われる時代であった。しかしそうした声を振り切り、わずかな時間を子どもと離れて一人になったときの開放感、そして新しいことを学ぶ充実感がこれほど大きいものだとは想像もしていなかった。自分でも気がつかないうちに、良い母であることに縛られていたのだ。「私」

のこの問題は決して私個人の問題ではない。これまでの歴史の流れや社会の問題といった視点から見直したとき、これは私たちの問題なのだと気づいた。私一人ではなにもできないかもしれないけれど、「私」が「私たち」になったら、なにかできるのではないだろうか。ここから一歩を踏み出すことになるのは、ごく自然の流れだった。

ＳＫＩＰ結成

託児付き講座で情報の受け取り方、発信の仕方を学んだ四人の女性は、そこから子育て中の母親たちが取材した手づくりミニコミ誌の発行を始めた。私らしくできることがあると、元気がわいてきた。そんな四人に、先のコンサートホールの企画担当者から「昼間に開催するクラシックコンサートの企画に協力しませんか？」という声がかかった。それはまったく未知の世界だった。それでもこの声に飛びついたのは、子どもを持った自分が家族以外から必要とされていることを初めて感じることができたからだ。これから未知の企画に挑むのだから、どんな困難も飛び越えられるように、そして誰にでも覚えてもらえるように、グループの名前をＳＫＩＰと名づけた。

1994年、初めてのモーニングコンサート

打ち合わせは子連れで大騒ぎ、遅々としてはかどらないが、それでも粘り強く進めていった。主婦の財布事情を考慮しなければならないのはチケット代だけではない。必要なのは託児である。託児料金はどのくらいの額を設定したらいいのか。コンサート開催日はどの日がいいのか。入園・入学の四月や学校行事の多い秋は避け、五月か六月がいいのではないか。昼間とは

いっても、公演時間は園児の迎えに間に合う午前中にしたい。園児の多くが昼前に帰る水曜日は開催曜日から外したほうがいいだろう。親としては当たり前のこうした小さな気づきは、ホール側が知らない貴重な情報となった。企画書なんて書いたことがなかったが、それでも鉛筆書きで考えをまとめ、ワープロで清書した。チラシやチケットの作成・広報などはまったくの素人である。SKIPとホール側が互いに情報を提供しあい、試行錯誤を重ね、コンサートの内容は次第にかたちになっていった。

コンサート前のミーティング

託児システムをつくる

一般のコンサートならば、ホールの入口にはチケットの「もぎり」とプログラム配布のスタッフがいれば十分である。しかし託児が付くとそうはいかない。当日までのチケット注文受付から大変だ。子どもの名前・アレルギーの有無・保護者の氏名・コンサート当日の月齢、すべての情報を把握しなくてはならない。託児にはプロのシッターを依頼した。一歳児は子ども二人にシッター一人をつける。二歳以上には子ども三人をシッター一人が受け持つ。〇歳児はマンツーマンで別室で預かるなど年齢でシッターの人数も変えた。シッターには人数分の時給と交通費が必要で、当日のキャンセルはきかない。安全面と経費の削減の間で揺れながら、当日の託児キャンセルや飛び込みの申込みも考慮して、シッターの人数を決めていく。託児室で食べるおやつにも気を使った。添加物が少なく、卵・大豆・牛乳などの入っていないお菓子を二種類、麦茶や紙コップ、紙おむつも用意し、託児受付のホワイトボードにはそれらの実物を掲示して親に確認してもらった。

当日は託児のためにイベントホールを使用し、ホールにあるすべてを片づけ、カーペットを敷き詰める。託児の受付では子どもの名前の確認、アレルギーの子には特別の名札、着替えなどの荷物には番号札、保護者には子どもの靴と靴下入れのビニール袋、子ども引き渡しの際の半券を渡す。それらすべてが開場から開演までの短時間勝負である。プロのシッターにひきわたすまで、ＳＫＩＰはそのすべてを子育ての当事者であるからこその視点と心遣いで、細心の注意をはらっておこなった。

初めてのモーニングコンサートを終えて

全国で初めての託児付きコンサートが名古屋で開催されるということで、当日は各テレビ局が取材に集まった。ところが取材陣は絵になるところを撮ろうとするため、託児の受付や託児室の入口といった親子の別れの場面に集中した。当日の夕方、民放のニュースすべてでモーニングコンサートが取りあげられた。しかし見てみると、それはどれも同じようなストーリーだった。まず託児受付のシーン、不安そうな子どもの顔とうれしそうな母親の顔、次に託児室での子どもの大泣きのアップ。テロップは「子どもたちが泣き叫ぶ、そのころお母さんは…」と流れ、コンサートホールの演奏中の映像と続く。キャスターの多くは「お母さんも育児で毎日大変だとは思いますが、ここまでしなくてもよいのでは」といったコメントになっていた。

託児室で遊ぶ子どもたち

満席のモーニングコンサート

しかし私たちには夕方のニュースとはまったく違う、確かな手応えがあった。満席の会場、反響の大きさ、何よりも出口でのアンケートの回収率が抜群に高かった。「久しぶりの生の音楽に心が慰められました。子育てばかりで、本当につらくなるときもあります。でも今日は子どもと離れた自分の時間が持てて気分がすっきりしました（三十代女性）」といった感激の言葉があふれていた。そしてそうした声は子育ての当事者からだけではなかった。「われわれ主婦層がコンサートに出かけにくい理由として、夜は外出しにくい、料金が高いの二つがあると思います。その点、午前中にこの料金で質の高いコンサートが聴けて、とても満足しました。私が子育てした時代は『子どもを生んだら十年は外出は諦めよ』と姑から言われ、展覧会も音楽会も諦め、文化とはほど遠い生活をしました。こうしてお母さんたちが自らの手で機会をおつくりになったことに拍手したい気持ちです（五十代女性）」。

託児室で泣き叫ぶ子どもたちに罪の意識を感じ、これでよいのかと疑問を感じたコンサートホールの役員は積み上げられたアンケートを読みながら、考えが変わったという。これだけ注目されたこと、託児が満員で定員を追加したことを受け、「一回きりで終わらせることはできない、これは定番の企画にすべきだ」というホール側からの意向が、達成感と満足感に浸ったＳＫＩＰに伝えられた。

「朝食後の軽いコンサートと思ったら大間違い」

この第一回モーニングコンサートの後、ある音楽評論家が『朝日新聞』の文化欄で取りあげた。午前中の託児付きという特殊なコンサートとして、他紙から生活欄で取りあげられることはあっても、文化欄への掲載は珍しいことだった。「朝食後の軽いコンサートと思ったら大間違い。ステージも客席も真剣だ。これほど熱心な聴衆は珍しい」と評価してくれたのだ。やるなら本格的なものをと努力してきたＳＫＩＰにとって、なによりもうれしい言葉だった。

午前中のコンサートは通常の夜のコンサートとは違い、出演者にとっても初めての経験で、想像以上に過酷なコンディション調整だったという。演奏のモチベーションを夜から朝にもってこなくてはならない。ある声楽家は、何日も前から何時から声出しすればよいのかを考え、朝夜を逆転させ、試行を重ね、最終的に午前三時から発声練習をして臨んだという。同じように多くの演奏家もコンディション調整には苦心したようだが、それらの苦労をおくびにも出さず、私たちの意向と趣旨を汲み、少ない出演料にも関わらず出演を快諾してくれた。

コンサートの朝、子連れで出かけ、託児室に預け、ホールにようやく落ち着いた観客の、この時間を楽しみたいという思いは、舞台上の演奏家たちにひしひしと伝わったようだ。演奏を終え、舞台袖に戻ったときの第一声の多くは、「ああ、楽しかった！　気持ち良かった！　こんなコンサートは久しぶり、熱が入った」だった。

ＳＫＩＰのコンサートには、もう一つ大きな特徴がある。それは演奏家のトークが入ることだ。たとえ知らない楽曲だったとしても、曲がつくられた背景などの解説、その曲に対する出演者自身の想いが語られることで、観客はより深みを持って聴くことができる。客席と舞台との一体感、このコンサートは客にとっても演奏家にとっても有意義だと実感することができた。

新しいメンバーを募ろう

ホール側から「モーニングコンサートを定番の企画にしよう」と言われたものの、当初のSKIPのメンバー四人のうち、一人は二人目の出産を控えていた。四人でやっと乗り越えたこのコンサートを、次回の作業は残りの三人でというのは不可能に思われた。気の合った仲間でつくりあげていくことは最高に楽しかったが、もはや四人だけの問題ではなくなってきていた。中途半端な気持ちで続けることはできない。もう一度コンサートをおこなうなら、そしてこのコンサートを続けるのなら、私たちだけでなく、一緒に活動する人が絶対に必要だ。

コンサート当日に回収したたくさんのアンケートのなかには、「SKIPの活動に賛同した、ぜひ手伝わせてほしい」という声も確かにあった。新たなメンバーを募ろう。藁にもすがる思いで、「私たちと一緒にコンサートを企画しませんか?」と書いた往復はがきを送った。いったいどんな人が集まってくるだろうか。意見はまとまるだろうか、企画は進んでいくだろうかと、新たなメンバーへの不安はつきなかった。

呼びかけに集まった人は多様だった。転勤族もいたし、夫の両親と同居している人、三人の子どももがいたり、妊娠中だったり、置かれた環境も年齢もバラバラだった。しかしここに集まる誰もが、これまでの日常から一歩を踏み出したいと思っていた。新たな仲間を得たSKIPは、第二回のモーニングコンサートに向かって動き出した。

さあ、ミーティングだ

コンサートの準備のためのミーティングは、月に一、二度、午前十時から十二時という時間帯でおこなった。これまで会社勤めはしていても会議に出席したこともないメンバーもおり、見渡せばその部屋には大人よりも子どもの人数が多いときもあった。

時間が経つにつれて、はじめは緊張していた子どもたちも元気になっていく。机をロの字に並べて真剣に話し合っている私たちの目の前で、子どもたちは暴れはじめる。お菓子をこぼしたり、お茶をひっくり返したり、そんな騒がしさのなかで授乳している人もあり、それはすさまじい光景だった。会議に同席していたコンサートホールの職員たちは、一般企業の会議風景との違いに大いに驚いたことだろう。

それでも私たちは子どもたちを視界に入れながら、よりスムーズな託児システムのありかたを真剣に話し合った。子どもを抱いたままの移動は大変だし、子どもを預けることには不安もあるはずだ。そんな親の気持ちを理解しつつ、だからこそ、このコンサートを楽しんでもらうためにと考えた。子どもを預けるまでの動線に無駄はないか、雨天の場合の雨具はどうするか、ベビーカーの置き場はどこにするかなど、どんな些細なことも検討し、より快適なシステムを追求していった。

会議はいつでも午前の二時間で区切り、ランチをすることもなく、幼稚園の迎えのために急いで帰宅した。よい話し合いができたという充実感と、「母親」という立場が話し合いに欠かせないことを改めて確認し、それを活かせた満足感があった。

子どもとのクリスマスファミリーコンサート

本格的なクラシックホールでの音楽は素晴らしい。だからこそ大人だけでなく、今度は子どもにも聴かせたい。そんな親の気持ちが、モーニングコンサートのアンケートに表れていた。ＳＫＩＰとしても是非その声に応えたい。そこで、「小さな紳士・淑女のためのクリスマスファミリーコンサート」と名づけ、子どものためとはいっても、本格的なクラシックコンサートであることにこだわり、新たに工夫を重ねていった。

多くのコンサートは「未就学児の御入場はお断りいたします」と但し書きされている。だからこそSKIPは、あえて入場の年齢制限を三歳以上と設定し、午前・午後で分け、一日二回の公演とした。また、三歳児でも退屈しないように、演奏者には舞台から話しかけてもらい、一緒に歌ったり手拍子したりできる曲も入れてもらった。大人もプロのクリスマスソングの演奏や歌声に満足してもらえるよう、趣向を凝らし、もちろん三歳未満の子どもには託児を設けた。

第一回クリスマスファミリーコンサートから、託児室に歌・人形劇・紙芝居で子どもたちにも楽しんでもらう音楽グループによる企画が誕生した。子どもたちには大好評で、泣いていた子どももミニコンサートが始まると、その世界に引き込まれていった。

クリスマスコンサートのチケットの売れ行きは素早かった。即座に完売したのは三歳以上の午前の部、続いて午後の部も早々に全席売り切れとなった。自分のためにお金は使えなくても、子どものことなら出費はいとわない。それがチケットの売れ行きに表れていた。ファミリーコンサートは大成功した。でも本当にそれでいいのだろうか。私たちは何がしたいのだろう。自分のためにお金と時間を使うことをためらう子育て中のママたちを応援したい。SKIPの役割を少しずつ自覚していくのだった。

第二章 学習会

みんなの思いから始まった学習会

ＳＫＩＰは、春のモーニングコンサートに加え、冬のクリスマスファミリーコンサートも開催するようになった。一年を通して、準備や運営などの活動に、それぞれ充実感を得て、活き活きと参加していた。平日午前中の二時間を活動時間として、ミーティングや準備作業を進めると、それぞれに慌ただしく帰っていく。幼稚園の迎えがあり、ゆっくりとはしていられないのだ。集まって活動することは楽しくても、自分のことまで話す時間はない。「こんなコンサートに行ってきたよ」「この講演会よかったよ」「子どものことで、最近ちょっと悩んでいるんだけど」など、本当はいっぱい話したいことがあった。しかし限られた時間のなかでは、効率的に進めていくことが優先される。コンサートの準備のために集まる時間ではない、新たな時間がほしくなってきた。

ＳＫＩＰは既存のボランティアグループや子育てグループとは異なっていたかもしれない。集まっているメンバーは子育て中の女性だけれど、私らしく生きたい、私を変えたい、子育て中でも子どものためだけではなくなにかできることがないだろうかといった私自身の生き方がテーマにあった。ＳＫＩＰに参加したとき、集まるメンバーたちの個性に触れて、ワクワクした。自分たちの疑問や目の前の問題について、この仲間たちといろいろな人の話を聞いたり、じっくり話し合ったりする場をつくりたい。「いろんなことをゆっくり話せる場をつくろうよ」、そんな声があがり、誰もが賛同した。そしてこの思いを、学習会というかたちで実現することにした。ＳＫＩＰの立ち上げから助言いただいている方々に相談しながら、新たな試みが始まった。

思いきり話す機会をつくるところから

第一回の学習会は、いつものミーティングから解放されて、みんなで思いきり話す機会をつくるところからスタートした。最近読んだ本の話、自分が感動したこと、疑問に思ったこと、メンバーの話題は次から次へと広がっていき、それらのことをこれまで安心して話せる相手がいなかったことを再確認した。

いざ話し合ってみると、ＳＫＩＰの運営に参加し始めたことで、周りの友人や家族から、「他人に子どもを預けるなんて」「今の人は気楽ね。とても私たちのときは考えられなかったわ」「あと五年も待てば自由になれるのに」など、冷たい反応がかえってきたと話す人が多いことがわかった。自分たちはこのコンサートの企画をとてもいいことだと信じている。でもなぜこんな受け止め方をされてしまうのだろう。メンバー同士で話しているうちに、母親はこうあるべきだという観念が実は自分たちのなかにもあること、周りの人たちも自分も、あるべき姿に縛られているのではないだろうかという疑問が出てきた。

せっかく学習会を始めるならば、テーマをつくって進めていこう。そこで一年目のテーマは「母親の自己実現と母性神話」とし、まずは母性神話とは何かを学ぶところから始まった。女性学やジェンダーという言葉を初めて耳にするメンバーも多かった。子育て中の母親が生きにくいのはなぜかを理解していくうちに、女は家事や育児をしていればいい、子どもを預けるなんてなどと周囲の人たちから言われることに抱いていた違和感は、決して自分だけの問題ではないと気づくことができた。

二年目のテーマは、「わたしらしさを求めて」とした。子育てしながら働いている女性を招いて、「自分で選んでいますか？　あなたの生き方」と題した講演会をおこなった。環境が整うのを待つのではなく、環境は自分で変えていくものという話から、受身ではなく自ら積極的に行動すること、自分の生き方を自分で選ぶ意義を感じ、励まされた。女性議員の講演では、自分の住んでいる街を住みよくしていくことが政治なのだという話が印象的であった。それまで政治は自分からは遠く離れたところにあるものと思っていたのが、実は身近なものであって、私たち女性の力が必要とされていると感じることができた。

話がつきない学習会

講演を聴くという受身の学習だけでなく、ジェンダーチェックや自分探しワークをおこなったり、他のグループのパートナー呼び方アンケートに参加するなど、自分の日常を見直し、自ら考えることにも取り組んでいった。家のことや子どものことばかりに目を向けているのが当たり前だった私たちが、自身を振り返り、自分のこれからを考えるようになっていった。

女性学というテーマも、「科学の観点から見た男女」「学校教育の現場から見える家族」「男性側からみたジェンダー」など、できるだけいろいろな視点から学んでみた。男性も社会から男らしさを求められ、

竹信三恵子講演会「選び取る―幸せは自分でつかもう―」

幼いうちから刷り込まれていること、性差別は女性に限ったことではないという気づきもあり、パートナーとの夫婦関係、親子関係を見つめるきっかけにもなった。

興味あるテーマを取りあげながら

学習会のテーマとして、女性学は継続して取りあげていったが、それだけでなく、さまざまなテーマを扱っていった。ＳＫＩＰのメンバーのほとんどが子育て世代である。子どもに関係する問題は誰もが関心をもち、メンバーが集まると必ず話題になった。目の前の育児の問題点、学級崩壊や不登校などのいまの学校や子どもたちの現状、親子の関わり方など、興味をもったテーマに合わせて話を聞いた。母と子だけの孤立した育児におちいることなく、子どもたちが複数の集団のなかで育つ大切さを知り、社会全体で子育てしていく必要性を教えられた。

知りたいこと、学びたいことは次々に増えていった。学校教育など公共の場ではタブー視されがちな「性」の問題についても、子どもと向き合い、性は大切な命そのものと考え、命をテーマにした講演会をおこない、大人だけでなく子どもたちと一緒に学べるワークショップも開いた。護身術の講座を開き、自分の身を守る大切さとその方法を学んだ。参加者からは、「こんな講座を待っていた」「継続してやってほしい」「子どもの成長に合わせて、またワークショップに参加させたい」など、大変好評だった。

介護保険制度導入の二〇〇〇年前後には、幼児と高齢者の交流など先進的な取り組みをしている特別養護老人ホームを訪問し、高齢になったときのことや、介護保険について学ぶ機会もつくった。学習会はいつも自分たちの知りたいこと、解決したいことを取りあげてきた。メンバーの中には自分の興味・関心のある分野の話を聞いたことをきっかけに再就職を果たす人や大学院に入学して研究の道へ進もうとする人、地域での活動を積極的に始める人など、本格的にそれぞれの世界に自分の歩みを進めていく人もあった。

そうしたメンバーがではじめたとき、「はじめの一歩は十人十色」と銘打って座談会を開き、彼女たちの決意や実際の様子を聞いた。いつも一緒に活動している身近な仲間たちが社会に踏み出していく姿は、自分のことのようにうれしかった。私もがんばろうと新たな自分の一歩に希望を感じることができた。

三人で組んだ学習会システム

学習会は一年ごとに三人でチームを組んでいくことにした。他のメンバーみんなで運営などさまざまな面で協力をしていくが、中心になって進めるのはこの三人だ。ＳＫＩＰのメンバーたちは、自分が読んだ本や参加した講演会などの情報を持ち寄る。他のボランティア団体での活動から提案する人もいて、そうした持ち込みはＳＫＩＰの試みに生かされていった。

コンサート事業では、企画運営のシステムなどの大枠が決まっていたが、学習会は一年間を通してのテーマ設定から講師選び、会場決定など、すべてを学習会チームで決めていかなくてはいけない。担当者にとって大変なことだが、それだけやりがいもあった。講師への出演依頼など、誰もが初めての経験である。講演を実際に聴きに出かけ、終了後に直接会って申し出る。うまく伝えられるだろうか、引き受けてもらえるだろうか、担当者は不安と緊張でドキドキした。会うことができない人には電話でお願いすることもあった。まだ携帯電話もメールもない時代、相手は多忙な方たちばかりで、連絡をとるのも簡単にはいかないことが多かった。ＳＫＩＰの趣旨を伝えることから始まって、講演をお願いしたいと必死の思いで伝える。熱意が伝わり、薄謝にもかかわらず、多くの方が快諾くださった。

次は会場の選定と予約。予算はコンサートの収益に頼らず、学習会のみで採算がとれるように計算した。どれくらいの参加者を見込むのか、参加費はいくらにするのかに苦心した。講演会のチラシも担当者でつくった。そのころやっと家庭にパソコンが普及し始めたころで、慣れない作業に四苦八苦しながらの作成だった。自分たちと同じような子育て中の女性に参加してもらいたいと、公共施設の託児サービスを利用したり、会場内に子どもの遊べるスペースも設けた。新聞社等に企画書を送るなどして紙面に告知を載せてもらえるよう働きかけもした。公共施設にチラシを置くために、自治体や教育委員会の後援をもらい、メンバーが手分けして図書館などを回ってチラシを置かせてもらった。地道な広報活動はしたが、やはりマスコミの力は大きく、掲載後の反響は大きかった。

講演会のテーマが決まると、講演の内容を自分たち自身により引き寄せて捉えようと、事前学習会をおこなった。また講演を終えると、日を改めてもう一度学習会を開き、感想や意見を語り合い、新たな気づきや理解を深めた。じっくり話すことで、それぞれのメンバーの抱えている問題や悩みを共有し、それが次のテーマへと繋がっていった。そして一年を終えると、冊子『学習会のまとめ』を作成した。講演会やその前後の学習会の内容、参加者が寄せた感想などをまとめ、いつでも振り返ることができるようにした。これはＳＫＩＰの成長の記録となった。

学習会を運営していくにあたって、いまのようにインターネットがない時代、委託事業や助成金などの募集がないか、絶えず情報を探していた。公共施設のチラシコーナーや企業の案内や行政の広報紙などを常にチェックし、「愛銀教育文化財団助成金」「名古屋市女性学習活動研究委託」「ウィルあいち県民参画事業」など、さまざまな助成金や支援事業を活用し学習会を充実させていった。

ひとりひとりが道を切り拓いた学習会

多人数の会議やミーティングでは、よく発言する人や経験のある人などの意見に偏りやすい面がある。しかし学習会担当を三人のチーム制にしたことで、担当者ひとりひとりに責任感が生まれた。やってくれそうな誰かに依存するのではなく、自立して考え、行動する力が養われていった。また、チラシや『学習会のまとめ』作成で文章力を身につけ、パソコンを使えるようになったことが、会報誌の編集・発行や、書籍『ママたちのモーニングコンサート』（雲母書房）・『ものづくり・手づくり体験ガイド』（風媒社）の出版につながり、再就職など次のステップへ進む際にも思いがけず役立った。

『学習会のまとめ』には、当時の学習会担当者の感想が記されている。「専業主婦の長かった私にとって、電話のかけ方から文章の書き方まで本当に勉強になりました。パソコンの操作も以前よりもスムーズになりました。もっとスキルアップして近い将来には仕事をしていたいと思います」「いま思い出されるのは、心臓の音が聞こえるくらいの緊張感で講師交渉をしたこと、講演終了後その方の素顔にふれられた時の満足感です。結婚して以来こんなに物事を深く考えたのも久しぶりでした」「なによりも自分に欠けている面を知るよい機会であったと思います」

振り返ると、SKIPのコンサート企画運営は、学習会という場を通して自分たちの活動の意義を確かめることができたからこそ、続けてこれたように思う。そしてなによりも私たちSKIPのメンバーひとりひとりが、道を切り拓いて行動することができるという自信をつけていったのが学習会だった。

column

会報『やっほぉー』から書籍『ママたちのモーニングコンサート』へ

サークルやNPOの会報というと、グループの紹介やイベントの案内・事業報告が多い。しかし、SKIPの会報は『やっほぉー』と名づけられ、会員間の紙面上の交流・発信の場となるようにした。

紙面は、特集インタビュー、コラム、SKIP以外のイベント情報、四コマ漫画の連載のほかに、出かけた講演会や美術館のレポート、おすすめの本やビデオ、毎号テーマを設定しての短信、海外に転勤した会員のレポート、みんなの意見を求める相談コーナー、俳句、詩、イラストなど、すべて会員の投稿で埋まっている。

書籍出版へのきっかけとなった会報『やっほぉー』

会員からの投稿はすべて掲載することをモットーとした。だから、毎号ページ数は異なり、ときには二十四ページにも及ぶこともあった。投稿だけでなく紙面づくりにも参加したいと、編集委員も毎号増えていった。

『やっほぉー』は売ることと無縁の会報だからこそ、書き手が楽しんでつくり、それを会員間で共有することができれば十分という、気負いのなさが魅力だった。会員からの自由な発言やつぶやきが、外部の目を気にすることなく自由に語られ、毎号活き活きとしたものになっていた。

ところが、あるとき思いがけない提案が舞い込んだ。私たちの会報『やっほぉー』をもとに、東京の出版社がSKIPの本をつくろうと声をかけてくださったのだ。会員間での交流・発信の場にこだわっていた私たちは、はじめは断ったものの、出版という未知の作業も、またこれまでとは違った体験として取り組み、楽しむことができるのかもしれないと考え直した。

『ママたちのモーニングコンサート』（雲母書房）の編集作業は、私たちの活動を再度見直し、新しい発見と確認の連続でもあった。しかしそれだけではなかった。私たちの活動が仲間内だけの充足感に終わることなく、地域を飛び出した。どこかで同じような思いを抱いている人たちに、メッセージとして届けたい、そんな思いの編集作業であった。

SKIF『ママたちのモーニングコンサート』（2001年、雲母書房）

第三章　ＮＰＯ法人化という選択

ＳＫＩＰを続けよう

　コンサート・学習会事業が軌道に乗り、催しごとにＳＫＩＰの会員数は増えていった。私たちの活動が、社会から必要とされていたのだと確信することができた。多くの人が関わり、それぞれの得意分野からの新たな視点が加わることで、ＳＫＩＰとしての活動は厚みを帯びてくるようになった。

　それから数年が経った。ＳＫＩＰは順調にあゆみを続けていけると誰もが思っていたが、しかし、夫の転勤など、生活環境の変化を理由に、ＳＫＩＰの活動から離れていかざるを得ない仲間が徐々に出てきた。それだけではなかった。ＳＫＩＰでの活動が原動力となり、再就職をしたり、地域でボランティア活動を始めたり、自分の進む道を見出して、次の一歩を踏み出す仲間も増えてきた。

　それまで十数名の仲間たちが子どもを連れて集まっていた賑やかなミーティングは、次第に中心メンバー数名が集まる、静かなミーティングへと変わっていった。人数は減っても、変わらない作業量に、残されたメンバーは次第に疲弊していった。一方でいつもの活動はできなくなっても、せめてコンサートの日だけは手伝おうと、当日駆けつけて来るメンバーもあった。お互いの気持ちにどこかすれ違いがあることを感じながらも、その溝を埋めるために話し合う機会をもつことができなかった。このままSKIPは活動を続けていくことができるのだろうか。「解散」という言葉もちらついた。SKIPの誰もがこのままではいけないと思うようになっていった。

「これからのSKIPのことを真剣に話し合う時間をつくろう」という声があがった。仕事を持つメンバーのために、いつもの平日の午前中ではなく、土曜日の午後に集まることにした。これまで子連れで集まってきた私たちだったが、子どもに気を取られることなく、とことん話がしたい。この日限りは誰もが子どもを預けて集まった。

久しぶりに集まることができたメンバーは、活動を支えている中心メンバーの苦労を労《ねぎら》いながらも、SKIPの活動にこれまでのように参加することへの限界を正直に吐き出した。しかしSKIPの活動から離れ、仕事と育児だけに追われる日々に不満もあり、SKIPはやはり気持ちの拠りどころで、自分たちにとって帰って来られる場所でもあると話した。中心メンバーは、そんな再就職組の思いを初めて知り、やり方さえ工夫すれば、きっと続けていけるだろうと考えた。議論を重ねていくうちに、それぞれの思いが集まり、そして気持ちはひとつになった。SKIPを続けよう。

愛知県で七十番目のNPO法人に

一九九八年、NPO法（特定非営利活動促進法）が施行され、名古屋市の市民活動団体にも、NPO法人化の動きがでてきていた。SKIPはなんとか解散の危機を乗り越えた。団体として継続していくことを選択した私たちは、たとえ人が代わっても、組織として継続していくことができるよう、活動の基盤を整えようと、NPO法人化に向けて前に進みはじめた。SKIPが団体として積み上げてきた経験やノウハウをかけがえのない資源として活かしていこうと考えた。行政も法人数を増やすことに力を入れていた時期であり、NPO法人化することが市民活動団体の最先端をいっているような流れがあった。この時代の潮流に乗らない手はない、正直に言えばそんな思いもあった。

その一方で、私たちは「NPOってなに？」「法人？　会社になるの？」というレベルの知識しか持ちあわせていなかった。そこでNPO法人化や運営を支援する中間支援NPOや行政主催の講習会などに積極的に参加した。学習会で培った段取りで、講師を招いてNPO法人化に向けての勉強会をおこなうなど、私たちの猛勉強がはじまった。

ようやくNPOというものがわかってはきたが、いざ申請手続きの準備に入ると、そこからはまさに手探り状態であった。現在のように関係書類の書式をダウンロードするといったシステムはなかった。慣れない法律用語に閉口しながら取り組んでいった。そんなときに役立ったのは、それまでの活動の中で出会った団体からのアドバイスだった。なにもかも枠にあてはめなければならない行政の書類の枠に、すでに活動の歴史を持ち、ゆるやかな繋がりと比較的自由な活動をおこなってきたSKIPの組織を収めるのは至難の業だった。愛知県庁に何度も足を運び、ようやく二〇〇〇年秋、県庁内の担当課の片隅で書類一式が受理された。愛知県で七十番目の認証だった。

NPOとしての活動がはじまった

「特定非営利活動法人SKIP」としての新たな活動がはじまった。法人になると、これまでのような代表の個人名ではなく、法人名でさまざまな契約ができるようになる。さっそく新しい銀行口座を開設し、携帯電話を購入した。コンサートや学習会のチラシに個人の名前や電話番号を掲載するリスクがなくなり、個人が負担してきた費用も軽減されたことは大きな進歩だった。

二〇〇二年、愛知県には「あいちＮＰＯ交流プラザ」、名古屋市には「なごやボランティア・ＮＰＯセンター」が開設された。法人にはなっても事務所を持つほど財力のないＳＫＩＰは、そうした公共施設の会議室を活用するようになった。行政の動きやＮＰＯに関するさまざまな情報が施設職員から直接入ってくるようになり、そこで活動することで、新たに運営上のアドバイスを受けることができ、広報の幅も広がっていった。

愛知県にＮＰＯ法人の申請書を提出

足りない人手をどうするか。ボランティアを募るようになったのもこの頃からだ。ボランティアセンター職員の紹介で、発送作業などにボランティアが集まるようになった。このことはＳＫＩＰにとって大きな転換点だった。ボランティアに集まる人たちは、子育てが終わっている年配の女性だったり、定年退職して地域に目を向け始めた男性であったり、夏休みにボランティアを希望する学生もいた。誰もがなにか役に立ちたいという想いで集まっていることを知った。それまで自分たちの活動を自分たちだけで乗り越えようと頑張り過ぎていたのだ。集まってくる人たちは私たちＳＫＩＰの活動に賛同し、手を差し伸べてくれている。私たちの仲間は決して子育て中の女性だけではないということに気づき、活動に対する考え方が一八〇度変わった。

ＮＰＯになったことで、託児付きコンサートの注目度はさらに上がり、県内外の行政や教育委員会の視察が相次いだ。自治体が新設するホールの建設計画に、託児専用スペースを設ける際の助言を求められることもあった。主催者側としての目線と、子どもを託児に預ける母親目線の両方からの意見が取り入れられた。

SKIPの経験を活かして

「特定非営利活動法人SKIP」という名前はさまざまなところに露出するようになった。愛知県内で開催されるNPO関連のフェスタに参加依頼が来るようになり、実行委員会にも名を連ねた。行政の各種委員会の席に加わる機会も得た。私たち女性や子どもたちに直接関係してくる施策について、これまでは子育てとは程遠い人たちだけで議論されていたことを改めて知った。頭の堅そうな行政職員や年長の男性のなかで、市民の立場から、子育て中の女性ならではの意見を求められた。会議の時間そのものも、午後の遅い時間ではなく、子どもの帰宅時間に間に合う午前中に設定してほしい。そういったSKIPで実践してきたからこその意見や要望が、次々と取り入れられていった。

SKIP以外の場に出ることで、私たちのまわりにはたくさんのNPO団体が活動していることに気づくこともできた。そうして広がっていった他団体との繋がりをきっかけに、子育て以外の分野についても勉強会を開催したり、その啓蒙活動に協力し、全国のフォーラムに参加する機会も増えていった。

また企業から意見を求められることも増えていった。赤ちゃん用品の消費者モニターや、アンケートの依頼が相次いだ。全国紙の記者やカメラマンが取材にきたことも幾度かあった。私たちは「未就学児の子を持つ三十代の女性」という企業の条件にあてはまり、すぐに応じることができた。選挙前には、子育て世代の女性の意見として、新聞取材を受けることも多かった。

SKIP の仲間たち

ＮＰＯ法人格を持ったことで、社会的に信頼度が増したと同時に、自分たちが自分たちのために活動してきた経験と実績が、誰かの役に立ち、誰かに影響を与えているということ、その責任も生まれてきたと実感することができた。

column

書籍『東海版　ものづくり・手づくり体験ガイド』

新聞や雑誌など多くのメディアにSKIPという名前で登場するようになり、次第に私たちは名古屋近郊の子育て世代の女性たちの集まりとして認知されていった。しかし取材される内容の多くはSKIPの活動趣旨からはほど遠く、「梅雨時の我が家のカビ対策」や「冷蔵庫の中の死蔵品と言えば…」など、同世代向けの昼間の情報番組などが多かった。私たちはそうした取材に対しても、撮影される家の台所の目立つところにSKIPのコンサートのチラシを貼って画面に映しこませるなど、すべてをSKIPの広報活動と考えて応えていった。依頼されたことを自分たちの活動として楽しんでいくうちに、少しずつ私たちの活動そのものが注目され、評価されるようになってきた。消費税増税前には、マスコミから子育て世代の市民の声を求められ、私たちは意見を言うことのできる団体になっていった。

SKIP『東海版　ものづくり・手づくり体験ガイド』（2003年、風媒社）

あるとき私たちが会報『やっほぉー』などで会員向けに発信している体験談や情報が、地元出版社の目に止まった。全国版のガイドブックにはない「愛知・岐阜・三重」の地域に特化した『東海版ものづくり・手づくり体験ガイド』をつくってみないかという依頼が舞い込んだのだ。当時すでに女性たちがつくる名古屋限定の子育て情報誌がないわけではなかった。しかし東海地方全域をフィールドにして、実際に親子で出かけ、ものづくりも親子で体験して、良いことも悪いことも実感をもって記してある本はまだなかった。子育て情報誌にとどまらず、私たち世代や若者世代にも魅力的なガイドブックができるのならと、喜んで引き受けた。

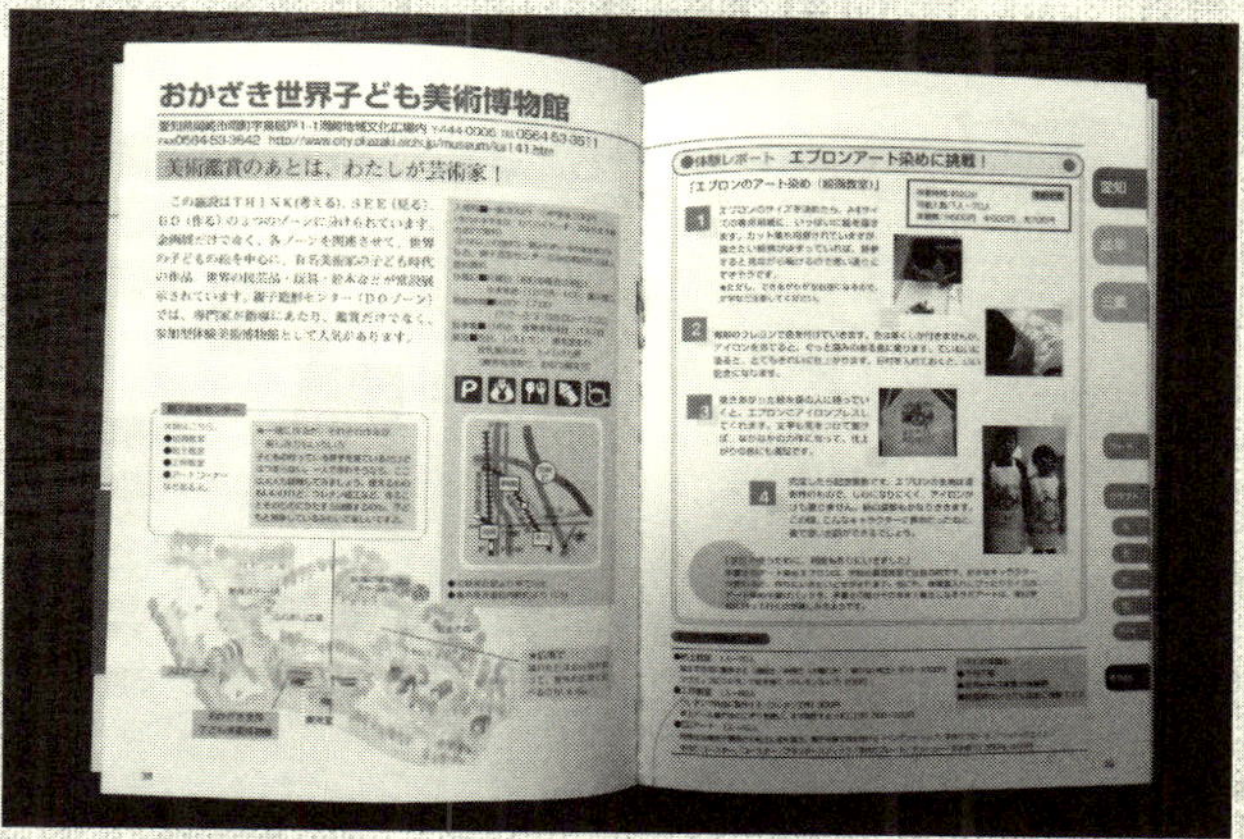

メンバーが得意分野で力を発揮した紙面

ちょうどこのころ、SKIPの中心メンバーの子どもたちが小学校に上がりはじめ、休日には家族であちこち出かけたい時期でもあった。家族で遊びに行って、ものづくり体験をして、写真を撮ってレポートする。それは会報『やっほぉー』のおでかけレポートと変わらなかった。文章を書くことが得意な人、イラストを描く人、文章の校正を手際良く進める人、それぞれが得意分野で力を発揮して一冊のガイドブックにまとめあげることができた。

このガイドブックにも思いがけない反響があった。親子のおでかけガイドにとどまらず、子ども会の遠足やPTAの社会見学、小学校の総合学習といった行事などでも参考にされたという。私たちのチャレンジしたことが形になり、さまざまな場面で生かされていくことがうれしかった。

第四章　上野千鶴子講演会・座談会

上野千鶴子
一九四八年富山県生まれ。ＷＡＮ代表、東京大学名誉教授、立命館大学特別招聘教授。京都大学大学院博士課程修了。専門は女性学、ジェンダー研究。ウィン女性企画（当時）が企画した上野千鶴子『ナショナリズムとジェンダー』読書会をきっかけにＳＫＩＰのメンバーが上野さんと出会い、講演につながった。

二〇〇一年二月、ＳＫＩＰはＮＰＯ法人格取得を記念して、上野千鶴子さんを迎えて講演会と座談会をおこなった。いまここに上野さんとの記録を残しておこうと思うのは、当時ＳＫＩＰはなにを目指しているのか、十年先はどうなのか、この日、そうした問いを上野さんから繰り返し投げかけられ、そこから私たちなりの答え、実践が重ねられていったからだ。ＳＫＩＰにとって、ＮＰＯを解散すると決めたいまもなお、この講演会・座談会の意味は大きい。このときのＳＫＩＰの葛藤を、当時の講演・座談会記録をもとに再構成した。

講演会もディスカッションもやってください——その日までの二八一日——

依頼していた上野千鶴子さんの講演、ご本人からOKの返事が届いた。この小さなグループに応じてくださる上野さんに正直驚き、うれしさと不安がこみあげてきた。当時、遥洋子『東大で上野千鶴子にけんかを学ぶ』（筑摩書房、二〇〇〇年）が話題になっており、フェミニズムの旗手・上野さんに私たちも息の根を止められるんじゃないか、そんな気がした。とにかくSKIPで上野さんの本を読んで学習会を開き、上野さんを知り、受け身にならない迎え方をしようという話になった。

七月三十日、上野さんが日本向老学会基調講演で名古屋にいらしたとき、私たちは挨拶に行き、打ち合わせをおこなった。一九八八年の『女遊び』序章と一九九八年の『発情装置』序章を読み比べ、十年で何が変わったか、あるいは変わらなかったかを考えるのはどうだろうという話になった。そして上野さんから、講演会というかたちではなく、少人数のディスカッションにしませんかと提案があった。

それは魅力的だ。けれど少人数に限定すれば上野さんの講演を楽しみにしている多くのSKIPのメンバーに諦めてもらうことになる。子育て中でなかなか参加する機会がない仲間がいるからこそ、講演会を開きたかった。SKIPとしてディスカッションを体験するか、定番の託児付き講演会か。夏休みの間、繰り返し話し合い、講演会もディスカッションもお願いしようということになった。私たちの図々しい申し出に、上野さんからはどちらも引き受けると連絡が入り、贅沢プランの実現にSKIPは活気づいた。

これまでの私　これからの私

――SKIPで上野千鶴子に〇〇〇を学ぶ――

二〇〇一年二月二十五日（名古屋市女性会館）参加人数　一二六名

SKIPのメンバーのみなさん、すごく注文の多い人なんです。メールがガンガン来て、あーでもない、こーでもないって。あれもこれも読めって資料をドサッと送ってきたりして。だから今日の話はあそこでもここでもするという話ではなく、SKIPのためにオーダーメイドしたお話をします。よそで同じ話はできませんから、私としてはコストパフォーマンスが悪いんですが、そのつもりで準備してきた話をさせていただきます。

一九八八年発刊『「女縁」が世の中を変える』

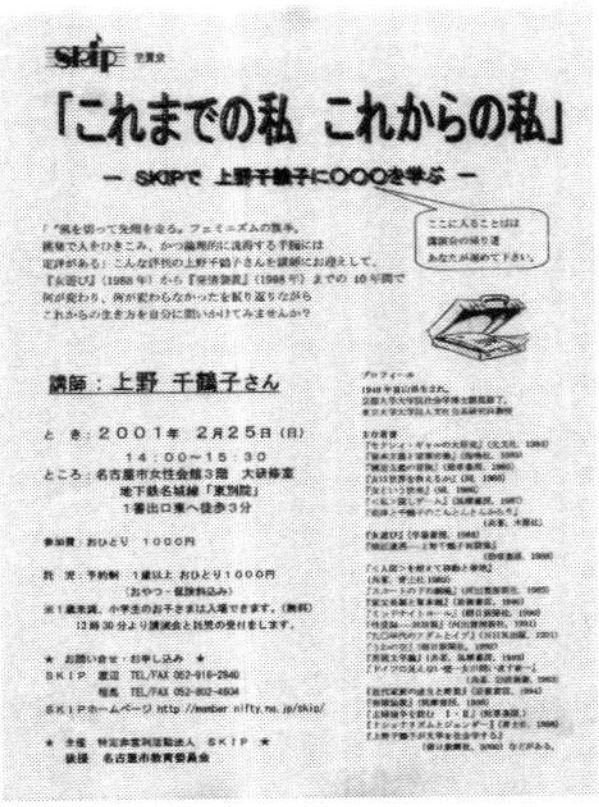
SKIP
「これまでの私　これからの私」
― SKIPで　上野千鶴子に〇〇〇を学ぶ ―
講師：上野　千鶴子さん
と　き：２００１年　２月２５日（日）
１４：００～１５：３０
ところ：名古屋市女性会館３階　大研修室
地下鉄名城線「東別院」
1番出口東へ徒歩３分
参加費：おひとり　１０００円

SKIPのNPO法人格取得後、これが初のイベントなのだそうですが、「NPO法人格をとるなんて面倒くさいことをやっただけのメリットはありますか」って聞いたんですが、効果はこれからボチボチ出るかもしれません。「SKIPってどんな集まり?」って聞いたら、IT化が非常に進んでいるんだそうですね。ITはネットワークづくりに役に立ちますが、ネットワークなら昔から私たちだってやっていたわよって思いました。そのネットワークを、私は大和ことばで「縁《えん》」と名づけました。縁のなかで女がつくる「縁《えにし》」を「女縁《じょえん》」と名づけて、研究して本を出しました。『「女縁」が世の中を変える』（日本経済新聞社）という本です。出版したのが一九八八年。そのときの私といまの私、それからこれからの私を考えると、やっぱりインターネットが入ってから後の女縁は、私が一九八八年に調べたときの女縁とはずいぶん違うだろうと思います。せっかくこういう機会を与えていただいたのだから、その違いを、私なりに考えてみたいと思いました。

女性学のはじまり

「女縁」って言葉は、私が勝手につくった言葉です。流行らせようと思いましたが、思ったほど流行りませんでした。それどころか、二十五年前にはこの世には「女性学」なんてものはありませんでした。私はいま東京大学で、女性学・ジェンダー論を教えています。女性学は大学の外で生まれて育ちました。そしてその後で、大学に殴り込みをかけて市民権を得ました。それを覚えておいてください。

十三年前の女縁ってどんなものだったのか、ご自分たちの経験と比べてみてください。関西圏で有象無象の女の集まりを調査しました。どれも規模が小さく、平均して七、八人から十五人くらいの集団です。社会学に小集団論というのがありますが、実にピタッとはまる数字でした。小集団論によると、一つの集団が一つの課題を共有できるサイズの上限が十五、それを越すと二つに分解する傾向が出てくるという経験則があります。十五が二つに分かれると七か八です。一緒にご飯食べようとか、全員がテーブルで一つの話題を共有しようと思ったら、

上野千鶴子講演会

七、八人くらいが適正サイズです。数を増やせばいいってもんじゃない。
そうした集まりが有象無象にあることがわかって、もはや集団が大きいことはいいことだと思わなくなりました。それがずーっと横につながって、ネットワークをつくっています。例えば年に一度の「京都―女のフェスティバル」を開催すると、そのイベントにどこにあったのかと思うほどの小さい粟粒みたいな団体が三〇〇出てきます。私は「おお、これは何かが起きている。草の根で事件が起きている。この女のネットワークを足で歩いて研究してみよう」と思いたちました。

そういう女のグループを三〇〇団体選んでアンケート調査した上で、複数のグループにインタビュー調査を実施し、そのなかからさらにリーダーになっているキーパーソン三人にインタビューをしました。グループには特徴がありました。必ず言い出しっぺが一人いて、「この指とまれ」をやる。口コミしたり、ビラまいたり、掲示を出したりして呼びかけます。その最初の一人に誰がなるかというと、一番多いのは転勤族の妻でした。つまり地縁・血縁から根無し草になった女です。男にはどこに行っても受皿の社縁というものがあります。血縁、地縁、社縁。人間の縁はこの三つでできあがっているのですが、その血縁と地縁から根無し草になったうえで、社縁に入れてもらえない女、つまり孤立して女が必死になってタコ壷から出てきてつくったのが女縁でした。

キーパーソンが一人登場すると、「この指とまれ」に自ら応じて出てくる地元の人たちがいます。この人たちは自分の周囲にある地縁・血縁を「うっとおしいなあ」と思い続けていて、なんとかそこから逃れたい、そこにはまりながらも、どこか別なところで息をつけるような風穴がほしいと思っていた人たちです。こういう人たちが集まって小さい集団をつくるきっかけはさまざまです。PTAで知り合うのもきっかけですが、PTAに何百人もお母さんたちがいるなかで、気の合う人だけを七、八人選んで声をかけています。趣味のサークル、バレーボールなどのスポーツ縁、それに子ども文庫、子ども劇場などもあります。子どもがつくった縁だから「子縁《しえん》」といいます。

地縁、血縁、社縁、そして女縁

脱血縁、脱地縁、脱社縁の人為的な「縁《えにし》」。これを「選択縁」と名づけました。新しい地縁という人もいますが、地縁と呼びたくありません。女縁は一つのマンションとか一つの集合住宅とか、何百人も住んでいるところで、わずか七、八人の集まりをつくりだしています。母集団が何百人いても気の合う人だけを七、八人選んでいます。ということは選択性が非常に高いのです。選べる縁とは、「縁」という言葉からすると論理矛盾です。なぜかって大和ことばの縁には、「袖触れ合うも他生の縁」というように、あなたと私はなにかの必然でここで出会ったという運命的なつながりを意味する響きがあるからです。

親子の縁もそうです。子どもは親を選べないし、親は子どもを選べない。もともとこういう運命的な絆のことを「縁」というのですけれども、選択縁は選べますから、断つこともできます。こういう人間関係をどうやら女の人たちが自ら選んでつくりだしてきたということがわかったので、これを「女縁《じょえん》」と名づけました。

調べてみると繋がりは本当に多種多様だとわかりました。ママさんバレーのようなスポーツ縁もあれば旅行縁とか、月一回集まって普段食べられないホテルのお得なランチを食べ歩くグルメ縁など。そのなかでどういう関係がつくりあげられているかと調べてみたら、モノとサービスと情報のやりとりが、親戚も及ばぬ密度で行き交っていることがわかりました。

例えばまさかの緊急時の子どもの預け合いです。これはふつうなら親や親族がやってくれることですが、近くにいないので頼めません。ご近所にも頼めません。それならお隣りではなく、車で十五分離れたところにいるコーラスサークルの仲間のところに子どもを預けに行きます。決して近いからという地縁じゃないんです。モノでいうと、旅行に行ったら土産を買うのは隣近所や親族縁者よりも、真っ先に女縁の仲間。思い当たりますよね。自分の喜びを共有したい相手は、まず女縁の仲間なんですね。

決定的な助け合いがありました。女縁が極め付きで機能する場面は、関西では葬式の「てったい」です。関西弁で「手伝い」のことを言います。葬式の「てったい」は親族縁者がまずやるものですが、遠く離れていると緊急時に間に合わない。来てもお茶っ葉のあり場所ひとつわからない。隣近所とはマンションだから付き合っていない。知らない人に入って来られても困る。となると家に入って裏方を仕切ってくれるのは女縁の仲間です。女性学のサークルとかもありましたが、ボランティアとか女性学とか社会運動とか、目的が高邁なグループと、グルメ食べ歩きとかママさんバレーとかお遊び系との間の絆の強さを見てみると、ほとんど中身が変わらない。かえって目的が高邁なほど関係は疎遠だってことがわかったりして。

目的が高邁な人たちがどういうふるまいをするかっていうと、例えばお出かけするとき、八〇年代のことですが、日曜日の昼間、「今からどこ行くんや、おまえ」「女性学の勉強会に」なんて姑や夫に言うたら、「おまえみたいなアホに学問やって何がわかるか」とか言われるわけです。だから「ちょっとそこまで」って言って出てくるわけです。かえってオープンな付き合いができない。むしろママさんバレーの方が、夫も子どもも家族ぐるみで応援してくれて、もっと深い絆をつくっていたりとか。ですから口コミ情報、例えば医者や買い物とか、一番信頼できる情報源は、こういう女縁からくるっていうこともわかりました。

あともう一つ、誰にも言えない悩みごとの相談。婚外の恋愛の相談をあなたなら誰にしますか。親兄弟に、隣近所にできますか、できないでしょう。婚外の恋愛相談の相手はここなんです。応援してくれるだけでなく、口裏も合わせてくれるんです。デートの時に子どもまで預かってくれる。すごいですね、このネットワーク。ＳＫＩＰはそこまで助け合いしてますか。こんなふうに女縁が、孤立した女たちに非常に強い絆を提供しているということがわかりました。しかも、コミュニケーションに当時のハイテク、ＦＡＸや割り込み電話を活用していることもわかりました。

女縁の七戒

この人たちは互いに付き合うためのある種のルールを暗黙のうちにつくっていました。それを「女縁の七戒」と言います。その女縁の七戒、七つのタブー集をご紹介します。

その一　夫の職業は言わない、聞かない。「なんとかさんの奥さん」でつき合わないってことです。ある地方の女性団体に呼ばれ、会長さんに紹介されたときに、「この方、市長夫人です」って言われて、こりゃアカンわ、女縁とは何の関係もあらへんわと思いました。「市長夫人」と枕言葉につくようでは、地縁の権力構造に密着した集団です。

その二　子どものことは言わない。特に学校は言わない。お受験でどこに合格したというのは、本人にはうれしいことかもしれないけれども、基本は子どもの手柄は子どもの手柄、アンタの手柄やない、ということです。

その三　自分の学歴を言わない。主婦になったらみな同じ。なにさまじゃあるまいし、昔の学歴なんか鼻にかけたら嫌われるだけ。

その四　お互いに「奥さん」と呼び合わない。名前で呼びます。

その五　お金の貸し借りはしない。一円の端数まで割勘にする。やっているでしょう？

その六　女縁をセールスの場にしない。これは嫌われます。

その七　相手の内情に深入りしない。相手が自発的に話すことは聞いてあげるけれども、相手が自分から話さないことにまで立ち入らない。別な言い方をすると、ここでの話と戸を立てる。これは大事です。

加入・脱退が自由な選択縁

地縁・血縁と女縁が非常に違うところは、地縁・血縁で嫁姑のぐちをこぼしてごらんなさい。回り回って必ず本人の耳に入ります。女縁がよいのは、距離のあるところで相談するから当事者の耳に入らない。だから安心して話ができることです。集団に属するとき、丸ごと身ぐるみ、氏素姓全部丸見えで属することを包括帰属と言いますけれども、包括帰属に対して女縁は部分帰属といいます。パーツ（部分）だけ帰属しているから、例えば婚外の恋愛の相談のように、自分の内心は吐露しても、家の台所の米櫃の量はいわないという、いわば情報のコントロールができます。

もう一つ、キーパーソンといわれる人たちの調査をしてみて驚くべきことがわかりました。キーパーソンはものすごくアクティブです。週のうち三日も四日も女縁活動のために使っています。こんなに忙しい人は、きっと他のことをやってる余裕はないだろうなと思ったら、ひとつの女縁の活動に積極的な人ほど、他の活動にも積極的、つまり多重帰属していることがわかりました。部分帰属で多重帰属です。積極的な人はありとあらゆる活動で積極的で、そうじゃない人はどこでも消極的っていう、実にはっきりした傾向がわかりました。あんなに忙しい人が、と思う人はよそでも忙しいんです。絶対に忘れてもらっては困る大切な仕事は忙しい人に頼むという人がいましたけれども、当たってますね。

どうしてこれが選択縁かっていうと、加入・脱退が自由だからです。いやなら関係を切れるんです。どこかで面目を失墜したときに、そこで顔が潰れても、よそがあるわって、トカゲのしっぽ切りができる。私の人格がそれで一〇〇％破綻したわけじゃないって。地縁・血縁だと、そこでなにか評判を悪くすると、もう生きていけなくなりがちです。ところがあっちがだめでもこっちがある、こっちがだめでもあちらがある。これをリスクマネージメントといいます。

かつて女縁が果たしていた役割がやがて金を生む活動に変わっていった

女縁の研究からこの十三年間に何が変わったかってことを考えてみます。まず新しい情報テクノロジーが登場してきたことが、大きいですね。ＳＫＩＰはＩＴ、ニューメディアがあったことによってこれだけ広いつながりをつくってこられたということがあると思います。しかもハンドルネームとかで匿名性が保て、高い選択性が持てます。しかも広いエリアで距離が関係なく、転勤した後も繋がっていられる。オフラインで顔を合わせていなくても、オンラインでネットワークがつくれます。この効果はとっても大きいです。

二つ目の変化は、ＳＫＩＰのお話を聞いてみて思いました。私が調査の対象とした女縁の担い手たちと比べて、ＳＫＩＰは年齢層が若いです。まずＩＴデバイドでＩＴが使えるかどうかというスキル、メディアリテラシーによっているのは確かですが、それだけではありません。八〇年代、こういう女縁活動をする女性たちはどういう人たちだったかというと、ポスト育児期といわれる人々、年齢層でいうと四十代後半から上の人たちでした。四十代後半、子育ての手が離れてみた後、ふっと振り返ったら世の中に自分の受け皿がなく、まわりから切り離された一人ぼっちの私がいた。そのタコ壷からどうにか這い出ようとした人たちが自分たちのためにつくりだした集団が女縁でした。年齢層の中心は四十代後半から五十代でした。この四十代後半から五十代の人たちはいま何をやってるかといったら、働いています。この年齢の人たちで専業主婦をやっていられる人たちは、夫の収入が一定以上の階層に限られています。

とりわけ四十代後半というのは、子どもが高等教育を受ける年齢です。「四十五歳は貧乏の峠」っていう言葉があります。別な言葉で、家計の胸突き坂とも言いますが、子どもが大学に入ったら、もう女縁をやっていられないんです。「悪いけどあたしパートに出るから、女縁活動はちょっとお休みね」ってことになる。ただ女縁の人たちはとってもいいサポートネットワークを持っていました。再就職しちゃったら、その人は女縁から離れていきますが、離れていった人を「なんだ、あの人出て行ったのね」っていう見方をしない。四年間なら四年間外に出て働いたらいずれ息子は卒業するんだから、卒業したらきっと女縁に戻ってくる。そういう人には、「四年間、出向を命ず」って言うんです。お皿の水は切らさないようにして、週一回の関係だったのを月一回とか数カ月に一回にしても、絆は切らないようにしようよねって。いま四十代後半の人たちは家計の必要に迫られて、とっくに職場に出払ってます。そうじゃない人たちは事業を起こしています。つまり、かつて女縁が果たしていた役割が、やがて金を生む活動に変わっていったのです。

女縁活動のニーズは低年齢層が持っている

生産活動と消費活動というものを分けるとします。生産と消費の違いは何かというと、ムチャクチャ簡単です。出歩いて、金が出ていく活動を消費、出歩いて金が入ってくる活動を生産といいます。女縁活動は、八〇年代後半からこの十年間の蓄積の中で、ノウハウと実力を蓄え、やっていることが事業となってきました。この事業に後押しをした追い風が「介護保険法」です。介護NPOとか街角のミニディサービスとか、さまざまな事業を始めています。もはや女のやっていることは金が出る一方の活動ではなくなりました。出ることもあるが、入ってくることもあるという、消費から生産活動へのシフトを彼女たちは経験しています。女縁はそれだけの実績を地域で積みあげてきました。いま何が起きているかというと、このような女縁活動へのニーズを持っている人というのは以前よりもっと低年齢層です。

つまり子育て期で「出るに出られぬ私たち」っていう、外に出られない人たち。子育てのために家に拘束され、タコ壷に否応なくはまらざるをえない人たちが、ITという新しいテクノロジーを使って、よそに手を差し伸ばしあっているというのがいまのIT女縁かなという気がします。

これまで子育て期の女の人たちは、家から出られない人たちでした。八〇年代の女縁は家から出られない人たちで、その間は家にじっとガマンで閉じこもっていました。子どもが外へ出始めてから親も一緒に出始めて、子どもがお砂場デビューするように、まず幼稚園の父母会でいわば社会に再復帰する。それから子どものPTAで、社会参加の第一歩、二歩を踏むという風になって、子どもの手が離れるにしたがって女縁活動にのめり込むという関係がありました。

その当時、新聞の投書欄に「私は乳飲み児をかかえて家に閉じ込められているけど、でもこんな私でも外に出て、勉強したい、講座を聞きたいと思う。託児を付けてもらえないだろうか」というような投書があると、ほとんど必ず年齢層五十代くらいの女性から反論がきたものです。「あなたはいま生涯に二度とない大切な子育てという、子どもが日に日に変わっていく成長を経験するという時期にいる。今はそれを最優先するのがあなたの役目。それもガマンできないで母が務まるでしょうか」という女が必ずいたんですよね。「あと数年のことだから、それまで辛抱しなさい」って言われました。

日本で初めて託児付きの講座

八〇年代後半に女性センター建設ラッシュが起き、そこで託児室は常識になりました。けれど、託児室が常識になるまでにどのくらいの苦難の歴史があったかはぜひ記憶してください。日本で初めて託児付きの講座をつくったのは、一九六五年、国立市の公民館で女性向けの講座をやった公民館職員・伊藤雅子さんです。歴史に残るできごとでした。周りの反対を押し切って、初めて実施しました。週一回、午前中二時間の講座に乳飲み児をかかえてくる女の人たちは、子どもを託児室に置いていくときに、子どもが「ギャアー」って泣く声に後ろ髪をひかれながら、その声を振り切って勉強にいく私、この子をこんなに泣かせてまで、それでも勉強したいと思う気持ちを押さえられない私はエゴイストなのかしらと自らを責めたといいます。

信じられますか。SKIPのみなさん方は、もはやそんなこと思っていない世代ですね。当時の職員は周囲の反対を押し切り、女の人たちは罪の意識を抑えてまでやった。そうしてまで勉強したい私、を肯定したかったからです。でも勉強ってちょっとかっこいいですよね。例えば、そうしてまで遊びたい私、だったらどうなりますか。でもそれがだんだん常識になってきました。七〇年代の終わりぐらいから、そうしてまで遊びたい私のためにちゃんと保証をつけてあげようということで、託児付き講座だけではなく、コンサートもできるようになりました。それから百貨店に託児付きサービスが登場しました。いまデパートに行くと託児室があって、「お預かりします、その間思う存分ショッピングしてください」というサービスがあります。そうなってよかったですね。

子育て期の女を取り巻く変わらぬ状況と変化を遂げた女たち

二十年も経つと、女を取り巻く状況は少しは変わりました。「子どもを預けてまで外へ出たい鬼のような母」と非難する人はもはやいなくなった、というくらいの変化が起きました。にもかかわらず子育てを巡る女の状況は、実のところほとんどと言っていいほど改善されていません。具体的に言うと、乳飲み児をかかえたとたん、女は外に出歩けなくなります。みなさん方がＩＴを駆使しておられるのも、ＩＴメディアにリテラシーがあるだけではなく、出るに出られぬこの私という生活があるからこそでしょう。ＩＴ関連でいまＳＯＨＯ（スモールオフィス、ホームオフィス）という在宅勤務が流行っています。ほとんどの人たちは家を出られない事情があって、その働き方を選んでいらっしゃる方です。ひと昔前なら、内職をやっていたのが、ＩＴ時代にＳＯＨＯとかっこよい名前に変わっただけで、電脳内職には違いないですね。

ところで、子育て期の女を取り巻く状況が過去二十年間くらいほぼ変わっていないと同時に、この時期の女たちは、過去二十年間に変化を遂げました。世代が変わったのです。それをいまからいくつかお話しします。

まず第一の変化は、再就労志向の強まりです。いま女の人は出産で仕事を離れても、これで一生家庭の人とは夢にも思っておりません。いまは子育てに専念するけど、いつかは終わる。そうなったら職場に復帰しようと思っている人が大半です。その復帰の時期が過去二十年間の間にどんどん早期化してます。八〇年代、ポスト育児期、すなわち育児期が終わった後の再就労は下の子がいくつになったときが女の再就労どきとされていたと思いますか。その当時の女の人たちに「子どもが何歳になったら再就職してもいいと思いますか」って聞くと、多くの答えは「下の子が中学に入ったとき」でした。今では考えられませんね。それが「下の子が小学校高学年になったとき」になり、「小学校に入ったとき」に変わり、いまは「保育園入ったとき」、つまり三歳になりました。しかもせいぜい一人っ子か二人っ子ですから、育児期の就労中断の期間がおそろしく短縮しています。三年から五年。一刻も早く復帰したいと思っている。これが大きな変化です。そのように女が変わりました。

新卒から派遣、契約、パート、アルバイト

ところが二つ目は、そのように思っている女たちを取り巻く社会の環境が変わりました。思い出してください、「女縁」の研究を実施した一九八八年はイケイケのバブル期でした。一九九一年にバブル景気が弾けました。それから長いトンネルです。不況がここまで続くとは誰も予想しませんでした。ですからわたしの調査対象の女性たちは、子育て期を過ぎた年齢で、女縁活動をバブル期に経験していたわけです。

ところがみなさん方は不況の真っただ中に生きていらっしゃる。これは大きな変化です。再就職する気で仕事を辞めても、当時はバブルの真っ最中ですから、女も三十五歳までだったら仕事は選ばなきゃいくらでもありました。不況期のいまは三十五歳以上でもだんだん厳しくなってきました。四十五歳を超すともう「高齢労働者市場」に入るといいます。

再就職したいとスタンバってる女たちがいるにもかかわらず、不況のせいで受け皿のパイは前より厳しくなりました。女の人たちは子どもが学齢に達しても、子どもが帰ってくるときには家にいてやりたいと思うためにフルタイムの仕事が選べません。するとパート、アルバイトのような仕事になりがちです。こういう職種を「周辺労働市場」と言います。

この「周辺労働市場」で、不況期に恐ろしいことが起きています。新卒採用の市場も非常に厳しい状況

になっていて、新卒の女の子たちが就職戦線で苦戦しています。男も女も苦戦していますけど、男女格差が大きくなってきています。これまで女の人生の中でいったん就職して、フルタイムのOLになって、寿退職して、育児に専念して、パートで職場に戻る。おこづかい稼ぎだからまあいいわっていうふうにやってきたはずだったのが、いまや新卒採用の段階からここに投げ込まれるようになりました。

新卒の最初から派遣、契約、パート、アルバイトになる若い女性が増えました。雇用保証がない。OLにもなれない。いつの間にかOL、特に一般職OLの職場は非常に狭き門になってきました。職場がなくなってきた大きな原因のひとつはOA化です。もうひとつは、不況によるリストラです。一般職OLがどんどん減ってきています。お茶くみコピー取りをするための正社員を雇っておくだけのゆとりが企業にはなくなりました。それどころか会社に入ったおネエさんたちは、いま辞めたら後がないと思うので職にしがみつきます。したがってお局化が進行します。そうなると企業の採用計画が狂います。それで新卒の女子がますます門が狭くなって企業に入れないという状況になっています。こういう変化が、この十年間に起きています。

夫を取り巻く状況の変化

三つ目には夫を取り巻く状況が変わりました。この不況は本当に大きな変化だったと思います。磐石と思われた大企業が次々と倒産していきました。山一証券が皮切りでした。それから不沈戦艦だったはずの長銀が倒産し、それからそごうが巨艦沈没です。そごうは駅前巨艦主義を掲げて、地域一番店を目指していました。その駅前巨艦が沈没しました。だから、寄らば大樹の陰っていう安全パイがなくなっちゃったんです。企業はもはやお父ちゃんに一家を養うだけの給料、すなわち生活給を支払う余裕がなくなってきました。いま急速に生活給から職務給体系へと移行しつつあるというのがいまの日本の状況です。そうなるとお父ちゃん一人の給料では足りなくなります。かつかつ暮らせるかもしれないけども、ローンを払おうと思ったり、子どもを上級学校にやろうと思ったら無理です。つまりダブルインカムっていうものが、もはや妻の贅沢でもわがままでもなく、家計に不可欠になってきました。

昔はダブルインカムを共稼ぎと言ったんです。ダブルインカムの反対語はシングルインカムって言いますが、その訳語が最近変わりました。「片稼ぎ」って言うんです。すごいですね。いま片稼ぎの世帯の方が勤労者世帯では少数派になりました。となると、ダブル、トリプルの収入源があって、こっちがだめでもあっちがあるわというふうにリスクマネージメントをやらないと家計がもたなくなってきているということです。いわゆる日本型経営が急速に壊れてきたのは不況圧力のせいですね。日本の構造改革は、不況のもとで進んできたと思います。

ポスト均等法世代

私は、みなさん方の世代って一体どういう世代かってよくわかんないです。すごいバラツキが大きいですから。ＳＫＩＰのメンバーの方たちの年齢層を見ると、二十代後半から三十代、四十代の前半くらいまでが中核の、子育て期真っ最中の人たちでしょうか。一九八八年に『「女縁」が世の中を変える』が出ましたが、その二年前、一九八六年に男女雇用機会均等法ができてます。ＳＫＩＰのメンバーの方たちは、均等法ができた後に社会に出られた方たちでしょうか？　これを「ポス均」こと「ポスト均等法世代」といいます。

「ポス均世代」になってから、学歴格差が女の間でものを言うようになりました。企業は均等法のあと一般職コースと総合職コースをつくりました。これを選ばせてもらえるのは四大卒の女だけです。選ぶ選択肢もない女とそうでない女との間に格差ができていきました。かつては学歴があろうがなかろうが、女というだけでまとめて差別されて「だから私たち同じよね」って言えたのが、そう言えなくなりました。「あなたと私は、身分違いよ」ってことになってきた。こういうのを男女格差に対して「女女格差」と言います。「女女格差の時代」には、女性のあいだの連帯がつくりにくくなりました。

SKIPのみなさん方の話を聞くと、家にパソコンがある、インターネットが使える。いまどうでしょうねえ、同年代の女の人でインターネットを使える人がどのくらいいるかって考えたら、やっぱり特権的な人たちでしょうねえ。それから大卒の割合が高いってお聞きしましたが、いまの三十代は「学校化世代」です。社会の価値観が学校の価値ひと色に染められること、これを「学校化」と言います。ひと昔前には、子どもが上級学校に行きたいっていったら、「ウチは職人だ、職人に学歴なんかいらん」「うちはうちや、他所様とは違う」といったおやじやおっかさんのいる家庭があったものでした。ところがいま、こんなことを言える親はあまりいなくなりました。学校的価値というのが学校にも家庭にも、ありとあらゆるところに充満しています。

この学校化世代が親になると何が起きるか。恐ろしいことが起きます。子どもが出来がいいときは愛し、出来が悪いとこんな子うちの子やないと、つまり学校の業績で子どもを評価するようになります。なぜかといえば、自分自身がそのようにしてさんざん評価され、値踏みされてきたからです。それ以外の価値を知らない学校化世代の親になって、学校化世代の二世を育てています。こうやって学校化がすみずみまで、日本の社会を覆うようになりました。

私は、東京大学というところで教えていますが、女子学生の中に浪人経験者が予想したよりずっと多いことに気がつきました。彼女たちは浪人経験を隠しません。女子のなかで浪人経験がスティグマ、傷でなくなったんですね。親が同意してくれないと浪人はできません。「無理して一年頑張ってもワンランク上を狙え」と親が娘に言っているからこそ、娘が浪人できるんです。ということは、女の子に対しても、親が学校的な期待を持つようになったということです。理由は少子化のおかげだと私ははっきり思っています。こういう状況になりますと、皮肉なことに性差が縮まってくる傾向にあります。データを見るとおもしろいことがわかってます。今子どもは一人っ子か二人っ子です。三人目を頑張って産むってのはできなくなりました。昔は、姉妹が続くと、あともう一人頑張って打ち止め、というので第三子目、四子目の末っ子長男がたくさんいたものですが、これが少なくなりました。子どもの数が減ってきますと、子どものいる世帯で一人娘か姉妹しかいない世帯が全世帯数のおよそ四割あります。娘しかいないと、もはや性差別のあるしつけができません。性差別のあるしつけとは、娘と息子の両方を持っている親の贅沢です。娘しかいなければ、娘も息子なみにお尻を叩いて上級学校へ入れなければならなくなります。それだけ学校化的な価値観が男女を問わず拡がってきたというわけで、そのなかで育ってきた子どもたちが、いま親になっています。これは親にとっても、子どもにとっても非常につらい時代だと思えます。他に逃げ道がないからです。

地位と金という報酬、愛という報酬

女が受け取る報酬には二種類あります。仕事をやって男に認めてもらって、男にもばらまいてきた報酬を一部女にも分けてもらう。これが地位と金という報酬です。もう一方で、男に尽くして家事と育児と介護をやってあげるともらえる、もうひとつの報酬があります。これが愛という名の報酬です。家庭と子ども、あるいは「妻の座」という報酬といってもいいんですが、妻は家事・育児・介護やってなんぼです。育児・介護をしない女は妻の資格がないんです。

どちらに転んでも、まず問題の一つは女には二つの道がある、つまり、男並みに頑張って地位と金を得るか、男に尽くして愛をもらうか、のどちらかですが、今の世の中ではその二つが二律背反になっていて、どちらかひとつしか選べないように社会のしくみができあがってる。だから愛を選んだ女の人も引き裂かれています。

二つめには、そこまでやって頑張って、男に頭なでてもらって得たものが、何だったかということです。女が頑張れば頑張るほど誰がトクしてるかといえば、男がトクしてるんです。男はまず夫としてトクし、今度は雇い主としてトクしてる。男社会のルールに従って男の期待に応えて女が頑張れば頑張るほどトクするのは男社会だけだ、ということをフェミニズムは言ってきました。

女が何をやっても、頑張れば頑張るほど男がトクするようにできてる社会のしくみのことを、家父長制と言います。となると、こんなのやってられないってことになる。そんな世の中の仕切り直しをしようということで、これが社会の構造改革、リストラです。リストラは首切りのことだと思わないでください。リ・ストラクチャーリングのこと、日本語に訳すと「再構築」です。いま、リストラが社会にも、家族にも、親子関係にも、男女関係にもきてる。実をいえば会社だけじゃなくて、家族だってリストラを経験しながら、ようやくもっているんだと思います。

変化は私の予測のスピードを超えていた

私の世代はもう五十代に入ってますが、私が四十代に入ったときに、こういう現象が起きました。離婚適齢期ってご存じですか。子どもが思春期に入った頃、だいたい三十代の後半から四十代の前半くらいが離婚適齢期です。四十代に入ったときに、同世代の女のなかで離婚すべき人はみんな離婚しつくしてました。離婚してなかった人たちは、夫との関係をリストラして、夫と再契約をした人たちです。夫を変えることのできた人は結婚にとどまり、夫を変えることのできなかった人たちは夫を捨てました。なかには夫を変えることができなかったので、あきらめて結婚にとどまった人もいます。ですから結婚が継続してるっていうことは必ずしも結婚が安定してるとか夫婦関係がよいってことじゃない。結婚がリストラに成功してるということです。そういうリストラを人生の節目、節目に続けながら、再契約・再選択・再構築をやりながら続けていくのが、私たちの人生でしょう。今ようやく、いいことか悪いことかわかんないけれども、不況のおかげで、何歳からでもやり直せるという社会のしくみに、ようやくじわっと変わってきたかもしれません。

みなさんは人生のスピードに社会の変化のスピードが追いついてないわって思われるかもしれません。でも、私の経験から申し上げます。私は世の中を変えたいと思ってきました。世の中は、変わらないといえば変わらない、変わったといえば変わりました。その変化は私の予測のスピードを超えていました。でなければ私はこんなところでマイクを握ってません。東京大学になんか行ってません。やっぱり確実な変化が起きています。

不況であれ何であれ、どんな状況であれ、逆境であれ、それを逆手に取って自分にとって一番ましな生き方、男社会がトクするんじゃなくて、自分にとって一番プラスになる生き方を、女が選び直すチャンスは、前よりは確実に増えてる、そう思います。それを申し上げて、私の結論にしたいと思います。

上野千鶴子さんとの座談会

二〇〇一年二月二十五日十七時～（コンサートホール和室）参加人数ＳＫＩＰ十九名

ＳＫＩＰのいま

Ａ――現在、ＳＫＩＰの事務局は代表一人、副代表二人の三人体制にし、その三人がコアとなって動いています。子育てが一段落して再就職やパートを始め、打ち合わせに直接出て来られなくても、メーリングリストを活用して、ＳＫＩＰに関わり続けています。ただこれは道具であって、やっぱりニュアンスが伝わらなかったり、同じ内容でも受け止める人それぞれの解釈が違ったりもします。ＳＫＩＰの繋がりが緩やかであるからこその難しさだと思います。

ＳＫＩＰの存在意義は、子連れでもコンサートを楽しめるし講演会も聞くこともできるところにあります。そんな機会があることをもっと多くの女性たちに知ってほしいと思っています。子連れでもできることを知って、ＳＫＩＰの一員となって関わってほしい。こんな企画やコンサートをしたい、この人の話がよいと提案し、それを一緒に実現していきたいと思うのです。「できる人が、できるときに、できることを」というＳＫＩＰのモットーを活かして、わずかなことしかできないけれどと言ってくれる人に、じゃあこれをやってと頼みながら、なるべくその糸を断ち切らずに、子育てが一段落してからもずっとＳＫＩＰに関わってもらえるような緩やかな繋がりを維持していけたらと思います。

しかし現実には、よい企画が提案されたとしても、それを実現するＳＫＩＰの実務のメンバーが足りないのが現状です。どうしても事務局三人に大きな負担がかかっています。

ＳＫＩＰは同窓会型か専門特化型か

上野――女の集団には同窓会型と専門特化型があります。ＳＫＩＰのメンバーの年齢層はある程度幅があるけれど、十年経てばすっかり四十代、五十代近くなっているわけでしょう。年齢によって直面する課題が変わっていくのでは。

同窓会型っていうのは横の繋がりを持ったまま、課題に直面したときに課題をどんどん変えていくという変化の仕方をする集団です。専門特化型っていうのは子育て支援を目的にしたら、自分の問題が過ぎてしまったあとも、新米ママに支援をし続けることになる。ある種の社会的使命感がなければ続かないけど、それをこれからも、自分自身の子育て期の問題が解決したあとも続けていこうと思っておられるの？

Ａ――次の若いお母さんに繋げていきます。

上野――ＳＫＩＰという組織は、継続性をめざすけれど、メンバーが世代交代していくことを期待しておられるんですね。

Ａ――ＳＫＩＰは緩やかな連帯であり続けるために、さまざまな問題意識を拾いあげていきたいと思っています。また、子どもが大きくなって託児に興味がない世代も、介護の問題が始まります。それらをプロジェクト制で同時進行していきたいという希望を持って、ＮＰＯ法人化を選んだんです。

上野――ＮＰＯの事業の種類は「子育て支援」って書いてありますね。七〇年代に日本で共同保育が燎原《りょうげん》の火のごとく広まったあとに、その後、続かなかったのね。どうしてかっていうと、共同保育はもともと自分が抱えた問題を自分たちで解決するための自助努力だったから。ニーズが喉元を過ぎればやめちゃったわけ。みんな子育てを卒業しちゃったから。次の世代は共同保育をしようとは思わなかった。結局、世

上野千鶴子さんとの座談会

代交代ができなかったの。だから共同保育のノウハウは伝わってないのよね。その経験から考えると、新米ママの子育て支援って何度もおっしゃってたけれど、もはや新米ママではなくなったあなた方が、これからも使命感を感じて子育て支援をやっていかれるのか、それともこれは自分たちのためにつくったのだから自分たちの課題が変われば活動を変えていくのか、そのどちらなのかがわかんないんだけど。

B――そのあたり話した時期があったんです。子どもが大きくなってくるメンバーがいて、いままで抱えてきた問題じゃない問題が出てきて。でも私たちがスタートしたときのようなメンバーがあとから入ってきている。その全体を抱え込むグループにするのか、それともそれは切ってしまって、私たちの段階に関わってくる問題に取り組むグループに変えてしまうかって、かなり話した時期があったんです。

上野――で、どうなったんです？

B――いろんな人たちが一緒にやれるのは、ＳＫＩＰにはタイプも趣味も違って、クラシック好きな人も嫌いな人もいるけれど、モーニングコンサートを毎年やるっていう一つの大きな課題があって、それをこなしていかなきゃいけないっていうのがある。疎外感を感じていた私たちが、一番最初に自分自身の時間を取り戻したモーニングコンサートこそＳＫＩＰの源じゃないか、それを継続していこうって選択をその時はしたんです。

上野――でも、あなた方にとってその時期は過ぎたわけよね？

C――私はＳＫＩＰは活動ではあるけれど思想である、という解釈をしています。

上野――活動を共有するのは簡単だけど、思想を共有するのは難しいよね。モーニングコンサートだったら、ただ音楽ファンというだけでもできるし、子どもと関係なくてもできる。

　私たちの経験もそうなの。同窓会型だと集団を大きくしようとか、次世代に繋げようとか考えずにすむ。生きていれば自分の問題は変わってくる。変わることが当たり前なの。一つの問題に執着する必要がない。自分の人生の中で、あるとき自分の問題だったものが、いつのまにか他人の問題に変わるから。

NPOという事業団体として

上野――NPOって事業団体でしょ。あなたたちこれからなにするつもりなのっていったら、子育て支援事業をNPOでやっていくって選択肢がある。具体的に言うとNPOの事業に、例えば一時保育とかホームヘルプ、つまり在宅支援のなかにベビーシッティングとか子育て支援や産後支援みたいなメニューを入れてくとか。先輩ママが後輩ママを応援しますみたいなメニューを増やしていって事業団体として生き延びる道はいくらでもあるし、そういうことをやってるグループもある。それがあなたたちのしたいことなの？
　事業団体というものは継続するためには事業を続けないと継続しない。思想では集団は続かない。活動のメニューをどう広げるかってなると、NPOは非営利とはいっても担い手がいる。代表や事務局担当者には報酬があるの、ないの？
B――そのためにNPOにしたんですけど。
上野――例えばこのなかでNPOで食える人を二人でも三人でも作ろうじゃないかと思ったら、事業をまわしてかなきゃいけないよね。あなた方こういうこと射程に入れてるの？　たとえ入れてるとしても、それが本当にあなた方のしたいことなのかっていうのがよくわからないの。

それともう一つ、ちょっと意地悪な見方だけど踏み込んで言っちゃうと、新米ママで子育て支援が本当にほしい人たちっていうのは、仕事を続けたい人たちなのね。仕事を続けたい人たちを（子育てのために）仕事を失った人たちが支えることになるのよ。なにかこれっておかしくない？って気分に当事者がなりがち。モーニングコンサートだって子どもが大きくなったら別にウィークデーのモーニングにやらなくたっていいよね。子どもが中学生になったら堂々と夜空けられるしね。十年後はどうですか？

A――きっとやめる。

上野――そうでしょ、あっという間に人生変わっちゃうのよ。そうなると十年後の自分にとって一番切実な問題ってきっと介護なのよ。

B――私たちは子育てによって社会に出にくいって感じた。始まりはそうだったんですけど、高齢のお客さんも午前中ということで来てくださるんですね。夜外出しにくいとか、ハンディーキャップをもっているとか。だからもう少し違う視点でSKIPは見ていきたい。子育て中のママたちのグループっていうのに、実は固執したくないってのがあるんです。

社会的使命感なのか、自分自身の問題解決なのか

上野――私の問いはこうなの。あなたがたは社会的使命感を感じて自分以外の人たちを支えたいから活動をなさっているのか、自分自身の問題を解決したいからおやりになっているのか、どちらなの？と。

A――きっかけは自分のため。

上野――それが変わっていくのは自然。変わってもいっこうにかまわないけど、本当に自分の問題が過ぎたあとも、同じ問題を抱えた他の方の支援をし続けたいって思ってNPOをつくられたの?って聞いてるの。

B――つくったときはそこまで考えてなかったです。私はSKIPはステップのひとつにしてくれればいいと思ってる。とにかく新米ママに出てきなさいってとこから入ってる。世代交代を上手くして、それが上手く繋がっていけばいいなと思っています。

上野――ということはSKIP自体がひとりひとりのメンバーにとって通過点になるってこと? いずれAさんもBさんも出てゆく、と。

D――そういうメンバーもいるけれど、それじゃあモーニングコンサートをやる人がいなくなっちゃう。でもやっぱり出てくる場所をSKIPがつくっていく必要があるというとこで、せめて事務局だけは持ち出しをなくして、わずかでも給与を出したいというのもNPOのきっかけです。

上野――通過点だったら気持ちよく送り出してあげればいいじゃない。卒業していくんだから。

A――仕事に出たいって思いを持つメンバーと、子どもを学童に入れてまで働きたくないって思うメンバーもいます。だけどSKIPの活動で充実したいって人たちもSKIPのなかにいるんです。

上野――たぶんね、みなさん方はご自分の人生のなかで、ある種の過渡期を生きていらっしゃるんだと思う。もちろん人生っていつでも過渡期なんですけどね。私たちの世代もよ。SKIPは自力で作ったんでしょ? 他の先輩の女たちがつくった集まりには入っていかなかったわけでしょ。これまで色んな女の集まりは現にないわけじゃなかった。ないわけじゃなかったけど、知らなかったのかもしれないし、入りにくかったのかもしれないけど、入っていかなかった。その代わりに自分たちの手で団体をつくったのよね。

やっぱり、他人がつくった集まりは他人のものなのよ。後から来る世代に通過点にしてもらえばと思ってるかもしれないけど、現実には十年若い世代がSKIPに入ってきてくれるかどうかはわからない。そのうちだんだんメンバーの高齢化が起きてきて、じり貧になっていくかもしれない。十年たった後の若い世代の育児は、あなたたちの世代の育児とずいぶん違うかもしれない。抱える問題も違う問題かもしれない。それなら自分の問題は自分で解くということしかできないかもしれない。

私たちは託児をしてまでも、なにかがしたかった

C――もうすでに小さい子どもを持つママたちが、私たち自身の七年前とは違うっていうのは年々感じてるんです。私たちは託児をしてまでも、なにかがしたかったっていうところ。彼女たちは託児について、託児をして遊びに行ってもいいという世間的なコンセンサスはとれている。

上野――当然っていう感じ。「ないの？　託児」みたいなね。

C――まだ名古屋の状況はそこまでいってはいないんです。ただ、必死に託児を求める感じではなくなっている。社会教育センターでおこなわれる託児付き講座が、前は定員オーバーまで応募があったのに、最近それが減っています。

上野――SKIPをつくったときといまとで変化を感じる？

A――もう一つの変化は早く再就職しています。小さい子どもを持ったお母さんも、すでに保育園に入れて働いています。

上野――三歳くらいからね。

C――そうかと思うとお客様のなかにはお互いのことを「ゆみこさま」「けいこさま」って呼び合って、ブ

ランドのスーツを着ている顧客層もいる。
上野――「顧客」って言うの？　すごいね。そのビジネス感覚は非常にすばらしい。それは事業体感覚ですよ。私たちもどうして若い世代が入ってくれないんだろうって言い続けてきたけど、考えてみたら若い世代にとっちゃ大きなお世話というか、抱えている問題も課題も解き方も違うかも。

やりたいのは子育てに直面する女性の支援

上野――モーニングコンサートという事業を軸に回していこうっていう感じ？
C――中心はそうだと思います。
上野――もしこれを事業団体と考えれば、カラオケに行くお母さんたちの間でさえ孤立育児とか、育児情報不足とか育児支援のなさっていうのはひどい状況だから、ニーズはいくらでもあると思う。子育て支援を事業化していくのは、すごく将来性も展望もある分野だけれど、ＳＫＩＰはそれが目的なのかしら。
Ｅ――それは一つかもしれないけれど、ある会で情報を知らないお母さんたちから「託児付きコンサートがあるの？」って聞かれたことがあって。情報はどこからも入手されないんだって、すごく感じるんですね。社会から出て、結婚して子どもを産むとやっぱり情報って入ってこないんだって。だからそういう人に伝えたくて。こういう場もあるよって伝えて、もっと自分たちも住みやすい社会になっていくように働きかけるのが私たちの役目だと思うんです。いまいろいろ話を聞いていくなかで、そんなに私たち子どもに興味ないよなって。
上野――私もそれを感じたから聞いているのよ。他人様のために子育て支援やりたいのって本気？って聞いてるの、ウソでしょって。

E――私たちが本当にやりたいのは子育てに直面する女性の支援かな。

F――私は税理士なので、NPOに対して客観的にSKIPを見ていました。今日SKIPとはという話を聞いて、一会員じゃなく税理士としてみると、SKIP自体を維持していこうと思えば、もっと稼がなければダメだと思う。常設のスタッフが食べていけないとって思うし、もうちょっと儲かることを考えないと。NPOになったからにはコンサート事業には税金を払っていかなければいけない。収益事業をやるからには、税金を払っても維持していくだけの事業を選ぶべきだって思う。

上野――私が今研究してる介護系のワーカーズコレクティブでは、事業収益に黒字を出してるけど、それは事務局のシャドウワークをまったく計算に入れてないの。経営コストがかかるってアタマがない。だから見かけは黒字だけど、実際は持ち出し。

B――私たちはやりたくてやったからお金にならなくてもやれたけど、それを次の人に言うときに、「お金になんないけどやってね」と引き継げない。

上野――私たちの経験から言うと、「お金にならないことはしない」っていうふうに世代感覚ががらっと変わる可能性もあるけれども、新しい人に入ってきてほしいって問題の立て方自体が間違ってるんじゃないかと。それ以前に、自分たちが何をしたいのかの方が先。結果として誰かが巻き込まれてくるのはかまわないけれど、新しい人に入ってきて何をしてもらうのか。若い人に入ってきてもらいたい、どうして入ってこないかなって考えるのは、問題自体が不毛だって気がするの。

私なんか開き直ってるから。若い人に声が届かなかったとしたらその人たちの責任だって。言葉っていうのは必要としている人が自分で受け取るもんだ。私の責任じゃない、私たちは私たちの問題を必死になって解いてきただけ。後ろ姿見てた人のなかで受け取る人は受け取るし、受け取らない人は受け取らない。それだけのことだから。世代が違えば違う問題もある。だったらまず自分たちがやりたいことを、まずやる方が先だと思う。

ＳＫＩＰが本当にやりたいことはなんなの？ 私は一番最初からそれを考えてた。

＊

私たちの話はつきなかった。ＳＫＩＰを続けようと決意したものの、活動を支えてきた新旧のメンバーが一堂に会して、ＳＫＩＰについて真正面から話し合う機会はこれまでなかった。

私たちはこの日、大きな衝撃を受けた。それまで私たちに何がやりたいのかという問いを投げかけた人はいなかったからだ。いま思えばモーニングコンサートという事業が成功していたために、真剣に自分たちは何者かという問いに向き合っていなかったのかもしれない。

この日は私たちの新たなスタートになった。

第五章　ＮＰＯ法人選択後、模索する私たち

高齢者も主婦もみんなが楽しめるモーニングコンサート

ＳＫＩＰのモーニングコンサートは、子育て中の女性たちが文化的な生活を取り戻すことから始まった。だから企画運営するスタッフも来場者も子育て中の女性が中心だった。しかし、日ごろ夜のコンサートに出かけにくい人たちにとっても、午前中の開催は好都合であった。一緒にモーニングコンサートに出かけていた孫が成長し、その後は自分のために楽しもうとする高齢者や、子育ての手が離れ、仕事の休暇をとって友人を誘い、リフレッシュのために聴きにきたパートで働く女性たちの姿もあった。

またあるとき、介護施設からイベントとしてコンサートに出かけたいと相談があった。スムーズに入場できるよう動線を配慮し、すぐトイレに行けるようドアの近くに席を確保するなど対応した。子育て中で若い世代の私たちのためにと思っていた午前中の開催に、幅広い年齢層の方たちが注目し、いままでコンサートを楽しむことを諦めていた人たちも出かけてきてくれるようになった。ＳＫＩＰの活動が、思いがけず大きな広がりを持って受け入れられていくことが目に見えてわかり、自分たちの目指してきたことは

間違いなかったと確信することができた。

広がる広報活動

モーニングコンサートを始めたころ、メンバーのほとんどは未就園児の子連れだった。そのころの広報活動は新聞も度々取りあげてくれたこともあって、あとはクチコミで十分だった。我が子を連れて公園へ出かけ、同じように小さい子を連れた母親にチラシを渡して生の演奏を聴いてリフレッシュした感動を伝えると、多くの人がぜひ私もとコンサートに出かけてきてくれた。

しかし、子どもが幼稚園や保育園に行くようになると、新たな工夫が必要となった。自分が子どもを連れていないため、公園で遊んでいる子どもの親たちに声をかけにくくなった。そこで広報活動しやすいように、これまでの自治体の後援だけでなく私立幼稚園連盟の後援もとりつけ、幼稚園や保育園で、園全体に配布してもらうようにお願いすることにした。子育て支援団体にチラシを配ったり、小児科病院や産婦人科にも置かせてもらい、マタニティ割引も始めた。ＮＰＯ活動広報誌で集まってくれたボランティアの人たちも、活動を支えつつ、コンサートの趣旨に賛同して知人に薦めてくれるようになった。

打ち切られた協賛

さまざまな世代の人たちがＳＫＩＰに賛同してくれた。恒例のモーニングコンサートも私たちはまずまずの入場者数を出していると思っていた。しかし、あるとき協賛企業から「もっと多くの若い主婦層の集客を考えてほしい」という要望があった。企業イメージを伝えたいのは若い主婦層に対してだった。当初のモーニングコンサートの客層はそのターゲットとしてぴったりとあてはまっていた。ＳＫＩＰにとって、さまざまな世代や環境の人たちに回を重ねるごとに受け入れられていくようになったことは大きな喜びだった。しかし、協賛企業にとっては本来の狙いである若い主婦層から外れていくと受け取られた。

そのころ、追い打ちをかけるようにコンサートの入場者が激減した。二〇〇五年、愛・地球博（愛知万博）の関連で、海外の演奏家が出演したときのことだ。名古屋近郊では多くの万博関連イベントが連日おこなわれていたこともあり、チケットが売れず、空席が目立った。すぐさま協賛企業からコンサートのチラシの配布先を提示するよう求められた。会員名簿、公共施設や幼稚園、病院、子育てサークルなどの配布先を書き出し、あわてて配布数を記載したリストを提出した。私たちは企業であればあたり前に考える広報戦略を持ち合わせていなかった。チラシをたくさんつくって、たくさん配るというくらいの感覚だったのだ。

協賛企業からは広報の費用対効果が見込めないという理由で、二〇〇五年を限りにモーニングコンサートの協賛を打ち切られてしまった。ＳＫＩＰにとって大きな損失だったが、それでも活動を応援してくれる人たちからの寄付金や広告料によって、コンサート事業を進めていく費用をなんとか賄うことはまだできそうだった。

ＮＰＯにはなったけれど

私たちはＳＫＩＰという組織を継続していくためにＮＰＯ法人となった。とはいえ事務局に給料を支払うというところまではとても到達できず、事務所をもつ余裕もなかった。スタッフに交通費を実費で支給し、事務局に月一万円の手当を支給できたのもＮＰＯになってはじめの二年までだった。ＮＰＯになったのだからとこれまですべて手弁当だったところから脱却したような気持ちでいたが、入場者が定まらないコンサート事業だけでは活動資金の安定は得られず、継続的に支払う余裕もなくなっていき、まもなく交通費も手当も支払うことはできなくなった。

コンサート中止の決断

二〇〇六年、残っている資金を工面してモーニングコンサート事業を継続していくために、三回シリーズを一回開催に変更した。平日のミーティングも回数を減らし、作業は日程調整をしながらすすめた。モーニングコンサートは二千円代と低価格なため、集客が見込めないと赤字が出てしまう。事務局が「もうコンサート事業を続けていくことは難しい」と話すと、他のメンバーからは理解の声と同時に「それでも、できれば続けてほしい」という声があった。コンサートホールからは開催を継続するのであれば会場代はこれまでどおり免除しますとの応援の声もいただいた。

これからSKIPはどうしたらいいのだろうか。クラシックにこだわらなかったらどうだろう。名古屋で有数のコンサートホールでおこなっている私たちの企画を、もっと小さいホールでおこなったらどうだろう。私たちはどうしたらコンサートを続けることができるかを真剣に考えた。クリスマスファミリーコンサートは三歳から入場可能にし、親子で楽しめるコンサートということで毎回ほぼ満席になり、採算はとれていた。ならばモーニングコンサートだけを止めることにしてはどうだろうか。しかし、SKIPの原点は託児付きのモーニングコンサートではないだろうか。

迷いに迷ったが、もうこれ以上この状態でコンサートを続けていくのは無理だろうと判断し、二〇〇九年、総会でコンサート事業の中止を提案した。「またいつか、やりたいときが来たらみんなで集まってコンサートをやろう」「またいつか」という言葉に希望を持って、私たちは託児付きのコンサートの中止を決定した。

ＳＫＩＰ17（いーな）プロジェクト

ＳＫＩＰの要であるコンサート事業を中止すると決断したとき、ＳＫＩＰは解散するのかと思った人もいた。しかし、「ＳＫＩＰはモーニングコンサートだけではない。自分たちでやりたいことを探ろう」と声があがり、新たなプロジェクトを立ち上げていくことになった。どこにこんな余力が残っていただろう。どこかでＳＫＩＰを閉じたくないという気持ちが動いていた。

そして、ＳＫＩＰの十七年目を考えると題して「ＳＫＩＰ17（いーな）プロジェクト」が始まった。みんなでつくりあげていく楽しさを久しぶりに味わった。ＳＫＩＰの原点は、「つくりあげていく」ことそのものにあるのだ。私たちは、いまやりたいこと、困っていることを付箋に書き出しホワイトボードにどんどんはりつけていった。すると、困っていることよりもやりたいことのほうがたくさん出てきた。一年をかけて身近に迫る介護問題をテーマに設定して、学んでみることにした。これまでのようにチラシをつくって人を呼んでというかたちにはせず、知りたい私たちが出かけていって話を聞く。スタイルは変わっても、これからの新たなＳＫＩＰに希望を感じることができた。

「デイサービスだいこん畑」を見学

私たちは日程を合わせ、介護に関する内容が記載されている小説を読んで感想を話し合ったり、アンケートをとった。また、名古屋市内の地域包括支援センターで認知症講座を受講したり、知多の中間支援ＮＰＯ

の協力を得て、独自の取り組みをおこなっている介護現場の見学をするなど、盛りだくさんのメニューを楽しんだ。ＳＫＩＰが当初から取り組んできた、わからないことを知るための学習会である。仲間と一緒に学ぶ楽しさを私たちは久々に味わった。こうして次々とテーマを設定していくことができれば、ＳＫＩＰはこれからも長く続けていけるように感じた。

ＳＫＩＰの決断

二〇一〇年十一月からＳＫＩＰ17プロジェクト第二弾「もっと知ろうわたしのからだ」が始まった。行政の出前講座を利用して保健所職員から更年期についての説明を受けた。その後、健康運動指導士からこれからの身体づくりについて学んだのは、二〇一一年二月のことだった。ここで学んだことを振り返り、次に進めていく予定であったが、翌月の三月十一日、東日本大震災が起きた。

活動への一歩が滞り、そのまま時間だけが過ぎていってしまった。この状況をどうしたらいいか、何度か事務局が集まり、今後のＳＫＩＰの活動について話し合いを重ねた。このとき事務局はそれぞれに仕事をもち、他の活動にも関わっていた。ＳＫＩＰの活動が一度滞ってしまったことで、そこから新たにプロジェクトを立ち上げる気力が湧かなかった。そして、その余力もなかった。これ以上活動の継続は難しいと判断せざるを得ず、年末の総会の案内に活動休止のお知らせを同封することを決めた。「私たち自身をとりまく周囲の環境の変化などに伴い、ＳＫＩＰ17プロジェクトを定期的に開催することも、そのための事務局体制を整えることも実際に進めていく中で困難になってきました。しばらくＳＫＩＰの表向きの活動を休止させていただくことを決意しました」。

二〇一一年十二月の総会で、活動休止の決議は了承された。「事務局が判断したことだから受けとめよう」「これまでがんばってくれて、ありがとう」という言葉が返ってきた。それでもあくまで休止として、ＳＫＩＰはいつでもやりたいことが出てきたら、やれるようにしておこうと話し合い、懇親会へと場所を移した。このときまで、流れは終息に向かっていたにもかかわらず、突然誰かが「ねえ、そういえば、来年はＳＫＩＰ二十周年になるんじゃない？」とつぶやいた。その声を聞いて、あの元気にＳＫＩＰが活動していたころを思い出し、もう一度だけコンサートをやろうという気持ちが、メンバーのなかに不思議と湧いてきた。

二〇一三年、ＳＫＩＰ二十周年を記念して、三年ぶりにコンサートを復活させた。

しかし三年というブランクは思った以上に大きかった。企画会議、発送作業など、すでにマニュアルはそろっているものの、なにをやるにも手際が悪く、時間がかかってしまった。その中でインターネットを駆使しての広報や〇歳児も入場できるよう、できる限りの工夫をした。また東日本大震災後、愛知県に避難している親子を招待した。

ところが、二十周年記念コンサートは会場の半分ほどしか埋めることができずに終了した。ＳＫＩＰとして、はたしてこれがベストだったかと虚しい思いもあった。しかし、いろんな理由を並べてみても、以前のようには私たちの納得できるコンサートはできないと感じた。かといってＳＫＩＰ17プロジェクトを再始動させる気持ちももう生まれなかった。

今後のＳＫＩＰのあり方をもう一度考えなければならないはずなのに、その一歩を踏み出せなかった。ＳＫＩＰを卒業していったメンバーは、活動していく中でスキルを磨き、自信を持って次の自己実現へと巣立っていた。ＮＰＯ法人をやめて、以前のように自主グループとして活動していったらいいのではないか。振り返れば、私たちの周辺は二十年を経て大きく変わってきたことに気づいた。モーニングコンサートを始めたころに比べ、いまでは多くのコンサートや行政の企画する講演会にも託児がつくことが当たり前になってきた。「子どもを預けてまで」と言われた私たちは、子どもを持つ女性たちの声を十分に代弁し、その役目を果たしてきたのではないだろうか。

ＳＫＩＰ結成当時、私たちの周りにもさまざまな活動はあり、子育てサークルなど多くのグループはあった。しかしすでにできあがった組織や、異なる世代のグループには入ろうとは思わなかった。だからこそ私たちはＳＫＩＰをつくったのだ。私たちのこの活動をそのまま次の世代に託そうとするのも時代に合わない話なのかもしれない。それぞれの世代が目の前の課題にあったものをつくり出していくことの方が、断然その時代に寄り添ったものになるはずだ。

私たちはＳＫＩＰを終えてもよい時期なのではないか。

ＮＰＯ法人ＳＫＩＰは解散することに決めた。

解散の手順

ＮＰＯ法人を解散するにはどういった手続きを踏む必要があるのだろう。私たちは一年くらい前から、ＮＰＯの解散について、法律や手続きを調べていた。思いがけず解散を考え模索しているＮＰＯが他にもあることに気づいた。そこで、ＮＰＯ仲間の有志が集まっておこなう勉強会などにも参加した。

解散の手順は、次のとおりに進めていくことになった。

一、解散の日を決める。
二、解散の日に解散決議をする総会を開く。
三、総会では清算人の選定と残余財産の譲渡先を決め、解散を決議する。
四、解散と清算人を法務局に登記する。
五、所轄庁（名古屋市）へ解散及び清算人の届け出をする。
六、官報に公告を出す。
七、経費の清算をする。
八、清算結了を法務局に登記する。
九、所轄庁（名古屋市）へ清算結了の届け出をする。

解散決議をする総会は、法律には総社員の四分の三以上の賛成が必要と定められている。ＳＫＩＰ

も通常総会は過半数の賛成で進めていたが、解散については定款に四分の三と定めていた。解散に至った経緯と総会のお知らせを出した。

二〇一五年十二月二十六日、総会では、現理事長と副理事長の三名を清算人とし、残余財産の譲渡先はボランティア募集などで長年お世話になった「NPO法人ボラみみより情報局」にすることが、満場一致で決まった。

解散総会の議事録を作成し、法務局への登記をおこなった。後日、法務局で登記簿謄本を受け取り、名古屋市へ届け出た。次に官報に公告を出す手配だ。インターネットで調べたり、先に解散手続きを経験している先輩NPOの代表に教えてもらい、「全国官報販売共同組合」のサイトから登録した。

公告を掲載するには一行約三二〇〇円（二〇一六年一月現在）の費用がかかった。団体名が長いと当然行数も多くなるが、SKIPは四文字のため、十一行で三万五〇〇〇円ほどを支払った。解散後にも手続きに細かな作業があることを初めて知った。SKIPは清算結了の届け出をし、法人として法的に解散したことになる。

寄稿

そして、これからも

『SKIP終結宣言――私たちNPOを解散します――』を読み終えて、ふと頭に浮かんできたのは、絵本の『ぐりとぐら』でした。ぐりとぐらが、森で大きなたまごを見つけたように、SKIPも偶然、昼のコンサートの企画を求めるホールと出会いました。そして二人が美味しい大きなカステラを焼いたように、自分たちが一番行ってみたいコンサートをつくりました。いい香りにつられて、沢山の仲間が集まって来て一緒に楽しんだところまで、本当にそっくりではありませんか！

ぐりとぐらと唯一違ったのは、私たちには何の道具もレシピもなかったことです。持っていたのは熱意と度胸だけ。行先も目的も決めないままの出発だったので、正直二十年もの長い間SKIPの活動が続くとは思っていませんでした。当初集まって来たメンバーがそれぞれ勝手に自己主張するので、会議は難航することもありました。しかし、その喧噪の中から新しいアイデアが次々と生まれ、SKIPの方向性が次第に固まっていったのです。

コンサート関係の方をはじめ、託児、その他のイベントの開催にあたって、信じられないほど多くの方々に助けていただき、SKIPはどんどん成長しました。同時に解散の危機が何度もありました。私が名古屋を後にした時期、NPOに申請はしたものの、今後どのように変化していくのかまったくの未知数。私は「楽しみにしているね」と言いつつ、SKIPの個々のメンバーの気持ちは十人十色なので、不安もありました。

あれから十年、みなさんは見事にＳＫＩＰらしく軽やかに形を変えながら、自分たちのための企画を自分たちの手でつくり、楽しみ続けてきたのですね。そして、この『ＳＫＩＰ終結宣言』の編集作業はフライパンの底に残った甘い最後のカステラの固まりをなめ尽くすような、なんとも美味しい作業だったに違いありません。

ＳＫＩＰを振り返ると、いつも沢山の笑顔を思い出します。その笑顔こそが、いまもＳＫＩＰに未練を感じさせるところだと思います。でもこれからは、その笑顔が、自分で考え自分で選ぶ人生の選択にいつも自信と勇気を与え、支え続けてくれるものと信じています。すでにＳＫＩＰの活動から遠く離れた私にとっても、そうであるように。

ＳＫＩＰ結成メンバーの一人として　永田美江

第六章　SKIP最後の編集会議

一歩ずつ歩み始めよう——SKIPらしい終わり方ってなんだろう——

二〇一五年七月三十日　イーブル名古屋〔名古屋市女性会館〕

ＳＫＩＰを始めてからの二十年間に、経験だけでなく山ほどの資料を積み上げていた。解散を決めた私たちにとって、これらはかけがえのない歴史だ。だから記録に残しておこう。そしてＳＫＩＰのメンバーに最後に小冊子をつくって配布しようと考えた。そして、ＳＫＩＰの失敗を含めた活動の記録を、自分たちが思い出として懐かしむだけではなく、いまＮＰＯ活動をしている人たち、これから始めようとする人たちへメッセージとして届けようと思った。わずかに残ったＳＫＩＰの財産はここで使いきろう。私たちは事務局を中心に六人で編集委員会をつくり、二〇一四年三月からこの本の編集にとりかかった。

編集作業は思いのほか時間がかかった。それぞれ時間を工面して、月二回のペースで編集会議をおこなった。なかなか完成稿にならなかったのは、その一行一行に、ＳＫＩＰと向き合っていた自分たちを見つけたからだ。だからこそ、この作業は妥協することなく丁寧に進めたかった。

編集作業も中盤にさしかかった二〇一五年七月、以前クリスマスコンサートに出演してくれた音楽事務所から、名古屋で開催するコンサートがあるのでぜひ当日のスタッフをお願いできないかという声がかかった。ＳＫＩＰとしてコンサートの仕事をすることはこれで最後だろう。喜んで引き受けた。コンサートのチラシには「協力　特定非営利活動法人ＳＫＩＰ」と入った。

当日のコンサート前の時間を使って、ＳＫＩＰ最後の編集会議をおこなった。

再就職へ、パートで転勤も

塩田――今日は横浜から駆けつけました。引っ越して三年。名古屋のときパートで勤めていた会社の東京支店で、週四日働いてます。

逵――名古屋での再就職は、ＳＫＩＰでやってきたことをアピールして採用されたのだったよね。

塩田――ＳＫＩＰで自分に自信がついていたから、なにも再就職に焦ることないと思えた。大手旅行社の求人広告には、当時三十五歳までという年齢制限があったけれど、そのときもう四十一歳。ＳＫＩＰで書いた『ママたちのモーニングコンサート』（雲母書房）など、自分が取り組んだものを持っていったら、そんなにやる気のある人ならって採用された。

相馬――正社員じゃないのに、パートの転勤ってあるの？

塩田――もともとそういう契約だったから。名古屋の時とはまったく違う仕事をしていますが、紙を数えたりスタンプ押したりする作業が我ながら手早くて、ＳＫＩＰしちゃってるなあって思うよ。
逵――私たちはずいぶん充実した子育て期を過ごせたのかなって思うことはあるね。
塩田――私は結婚して子どもを産んで、すぐ名古屋に来たから、ずいぶんＳＫＩＰに救われたと思う。周りにまったく知り合いがいない状態だったから。
相馬――そのときはどんな気持ちで過ごしていた？
塩田――子どもを産んですぐに社会復帰したいって気持ちでいたから、子育ての空白の時間がもったいない、早く仕事に戻らなくてはと思っていた。だからＳＫＩＰで、再就職ではない社会復帰があるんだと知ってうれしかった。決して空白の時間なんかじゃなかった。

佐伯恵子、逵 志保、塩田由美子

逵――近所にはＳＫＩＰで得たような出会いがなくて、嬉々としてＳＫＩＰに出かけていたことを思い出す。
塩田――あのころ、実際には出かけてくるのは大変だったね。ベビーカーも折り畳まなくては怒られる時代だった。
逵――九〇年代の子育てといまの子育てとでは、環境は大きく変わったね。子連れをめぐる「アグネス論争」も、いまではなにを言っているのって感じるだろうけれど、だからこそ、私たちの抱えてきた時代背景も伝えておかなくてはって思う。私たちが何に苦労して、どう乗り越えてきたのか。

相馬ひとみ

ホームコンサートを新たな楽しみに

相馬――私はコンサートに来て、ＳＫＩＰの人たちがてきぱきして格好良くみえた。ＳＫＩＰに出会う前、子どもとの日常をこんなものかなあと思っていたんだけれど、いまのままの自分じゃなくて、変わりたいっていうのはあったんだろうなあ。もう一度、あの人たちに会いたいっていうのもあった。ＳＫＩＰは家事育児一辺倒の中で、何より気分転換になった。姑からも「あなた頑張ってるね」って。「その姿見ると、私も頑張ろうって思う」って言ってもらった。応援してもらってきたな。

遠――いまはホームコンサートをしているんだって？　なぜそんなことを思いついたの？

相馬――もともとフルートや歌をやっていたんだけれど、七年くらい前に知り合いから、音楽が好きな一人暮らしの母に、一緒に音楽を聴かせてやってほしいと言われて、仲間と三人でホームコンサートをやってみた。それがなかなか良かった。何度かやっているうちに、あなたも自分の家でやったらいいじゃないって言われて。それなら私にもできるかなと思った。

遠――塩田さんがすぐに仕事に戻りたかったというのも、相馬さんが人生こんなものかなって思ったのも、私たちには出産後の選択肢がない時代だったね。いまなら休職はいつまで？　という話が一般的かもしれない。

塩田――仕事を辞めるのが当たり前だった。
相馬――ＳＫＩＰで、家族のことだけでなくもっと広い世界を知って、誰かのために何かできるってうれしいって感じたし、その実感を持てた。ワードやエクセルも必要に迫られて使うようになった。

南相馬に足を運んで

佐伯――私は当時は高齢出産といわれた三十四歳に一人産んだ後、二人目がほしくて治療していたときにＳＫＩＰのコンサートを知った。密室育児で、相談できる相手は妹だけ。公園デビューも十歳年下の人たちとは話が合わなかった。そんな中で出会ったＳＫＩＰに、育児でどんなに救われたかしれない。「女縁」ができて、読んだ本や講演会の感想を言いあえるのも大きかったなあ。
逵――佐伯さんはＳＫＩＰがＮＰＯ法人にしたときに代表になるわけだけれど。
佐伯――ＳＫＩＰがなかったら、「良い母」にならねばという思い込みから、娘に手を出すという行動に出てしまいそうな不安をかかえ続けたと思う。代表が私では頼りないとも思ったけれど、それよりもＳＫＩＰに恩返ししたい気持ちが大きかった。
水野――ＳＫＩＰの歴史の中では、ＮＰＯ法人化して事務局三人態勢になって、そのころがモーニングコンサートの売上のピークだったよね。
逵――その後、東日本大震災で南相馬市に行くことになったのはどう

水野真由美、河内かをる

いう経緯で？　なにか気持ちに変化はあった？

佐伯――ＳＫＩＰで企画したイベント「おしゃべり広場」にチェルノブイリ事故の支援グループの人にきてもらって、折り紙やクリスマスカードをつくって贈ると言われて、私たちもつくった。そういう関係ができていたから、東日本大震災があったときに、放射線量測定に行くボランティアがあることを知らせてもらったの。阪神大震災のときはまさに子育て中で何もできなかった気持ちがずっとあった。いまの私の再就職先は廃棄物回収業者で、東日本大震災の片付けに向かうトラックを見送る機会があった。でも自分の目で現地を見たかったから、震災後の年の秋から放射線量測定のボランティアに参加することにした。

毎年二回通ううちに、南相馬市の人たちから、「遠くからわざわざ来てくれて」と感謝の言葉をもらう。でも何年も経って、もう普通に生活しているのに、まだ測定に来るの？　という空気を感じるときもある。南相馬にはこれまで八回行って、「野馬追祭り」にも行った。どうしてそこまでって思うかもしれないけれど、私は名古屋育ちで故郷がないから、南相馬の人たちの心遣いに接して次第に第二の故郷に思えてきた。津波被害のなかった山並みや海への道に癒やされる。五年後、十年後も私は寄り添い続けたいと思う。削りとられた山の斜面に汚染物を入れた黒い大きな袋が累々と積み重ねられている。私が見聞きしたことを多くの人に伝えていきたい。そう思うことができるのも、ＳＫＩＰでの経験があったからだと思う。

中間支援ＮＰＯの仕事をして

水野――私はＮＰＯ法人パートナーシップ・サポートセンターというＮＰＯを支援するＮＰＯで仕事をしています。きっかけはやっぱりＳＫＩＰ。ＳＫＩＰのコンサートが繰り返し報道される中で、代表に声をかけられた。私が働く中間支援ＮＰＯは、ＮＰＯと企業の協働の推進、コラボレーションしていくことでいろんなことが実現できるのではないかという提案を発信しています。それってSKIPが企業と自然にやっていたこと。仕事で全国のNPOと企業が一緒にやっている事業の調査に関わるようになって、素人の私たちが、百万円単位の事業をやり続けたってことはすごいことだったなって初めて気づいた。だからこそ、SKIPの活動がいまも続いていれば、もっとできたこともあっただろうなあって思う。みんながそれぞれ忙しくなって、SKIPの活動が衰退してきたとき、手付かずにしてしまったことがあると思う。もったいなかったなって、いまは思うこともある。

河内――確かに事務局でじっくり話す時間もとれなかった。月一回集まるのが精一杯で、集まったときは事務処理に追われて。

水野――子育て支援のNPOとして先陣を切ってやっていた私たちが、コンサートを継続するか辞めるかって言っていた時期に、同じようなことをやってくれる人がいるなら、このノウハウのすべてを差し上げますという気持ちがあったけれど、結局できなかったことには心残りがある。

逵――私たちがしてきたことはすでにNPOと企業の協働だったと言われて、私は全然そのことにいままで気づいていなかった。NPOと企業を繋ぐ仕事に、SKIPの経験が生かされているとは思わなかった。

水野――SKIPでは次の世代を育てていくことができなかったけれど、いま私は中間支援のNPOの仕事を通して、それを実現している気がします。例えば環境だって、お年寄り支援だって、子育て分野ってNPOのすべての分野に繋がっています。私の中のキーワードは子ども。それは全部SKIPが原点になっています。

地元で新たに立ちあげた活動へ

河内——私は知多で思春期の子どもの心とからだについて学習したり情報交換をしている「ＫＩＳＳサイエンス」というグループを立ち上げてやっているのだけれど、これもＳＫＩＰがきっかけ。ＳＫＩＰで学んだことを伝えることができなくて、地元で女性学を学ぶグループの人たちやまちづくりの活動をしている人たちに出会い、少しずつネットワークが広がっていって、知多で性教育の講演を聞く機会をつくりたいと立ちあげたのが始まりだった。やっているうちに子どもたちがデートＤＶになる状態があることを知って、デートＤＶの予防講座の活動を始めた。地元の市でＤＶに取り組みたいと思っている職員がいたのだけれど、どうしていいのかわからなかったらしく、そこで私たちに声がかかった。そこにニーズがあって、それをやれる人がいたから実現したのだよね。

水野——それは互いに発信をしているからだよね。

相馬——言い出しっぺになるパワー、やれる、やれたっていう自信をＳＫＩＰでつくってきたからできたことだと思う。

逵——あのころあんなにすごいことやれたという自信が、一人になっても、それぞれに自分に残っているね。名古屋の託児システムをつくったのは私たちだと思っているもの。

水野——なにか疑問に感じたことを自分たちの問題として取りあげて、それを解決しようとＳＫＩＰで取り組んだ。それがいまも個々の活動に生かされていると思う。

上野千鶴子さんとの出会い

逵――SKIPがひとりのリーダーをつくって指示を受けるだけのトップダウンの活動スタイルをとらなかったことは大きいね。ただ私たちはそういう自分たちの良さに気づくのが遅かった。上野千鶴子さんが座談会のときに何度もしつこいくらいに「あなたたちはどういうグループなの？何を目指しているの？」と問うてくれていたけれど、その問いにそのときは答えられなかった。コンサートの成功体験に酔っていたとは言わないけれど、大きな成功体験を持っていたから、きっとずっとできるというような思い上がりもあったのではないかと思う。

佐伯――上野さんからは、SKIPの落としどころがどこにあるのかを繰り返し聞かれたよね。

逵――こうして時間をかけて振り返る作業をしてきて、ここが私たちの解散するところに繋がっているんだろうなって思う。

河内――やっぱりSKIPはコンサートが中心だったね。コンサートが中止になったとき、解散かなって思ったもの。でも、SKIP17（いーな）プロジェクトをやることになって、みんながやりたいものをあげていったときに、こうやって別テーマで続けていくこともできるのかもなって思うときもあった。

逵――SKIP17プロジェクトを始めたときに、コンサートをやめて、SKIPのメンバーで楽しめたらいいと思った。だからある意味、SKIPを楽しめた。そしていま、編集作業のなかで、私たちめちゃくちゃSKIPを楽しんでいる。でもそれは、いまがようやく集まることのできる時期になったからだと思う。

相馬――二十数回の編集委員会では、そうだったの？　そんなことあったの？　って話になったね。この編集期間はＳＫＩＰのことを深く知ることのできた期間だった。

大学院生、そして大学講師へ

逵――私はテーマが子どもじゃなかった。でもＳＫＩＰでこんなにできたんだから、きっと他のことも出来るだろうっていう自信があった。たまたま引き受けたインタビュー記事執筆の仕事で、クライアントから気に入らないと苦情を言われ、人に気に入ってもらう文章ではなく、自分の言葉で自分が納得できるものを書きたいと思った。大学院に入って夢は実現したのだけれど、どこかでＳＫＩＰとつながり続けたいと思った。

水野――逵さんが大学院に合格したとき、もうＳＫＩＰには来なくなるって言った人もいたけれど、私はそうは思わなかった。子連れで大学院に行ったり、博士号を旧姓で取ったりと交渉や発信もしていたよね？　私は市のサマーカレッジに行ったとき、早朝保育が認められないのは市の取り組みとしておかしいととがめて交渉してくれる人がいた。実際に子どもを預かるって言ってくれる人もいた。ＳＫＩＰの活動そのものではないんだけれど、ＳＫＩＰでつくったネットワークがどこかで繋がり続けて、助けあう感覚があった。みんながいろんなことを我がことのように応援したよね。

塩田――遅い時間にみんなでメールを交わしていたよね。業務連絡ではない、いまならＬＩＮＥのようなメールをチャット並みにね。あんなに遅い時間にって思うけれど、そんな時間にしかできなかったんだよね。

水野――会えなくても繋がっていた感覚はあるね。

佐伯――上野さんのいう「女縁の七戒」も、もちろんクリアしていたね。でも私たちってそんな暗黙のルールを設定するまでもなく、自分たちの物差しをもって理解しあえていたよね。

SKIPのこれから

逵――本が出来上がったらSKIPはNPO法人としては解体することになるけれど、これから私たちはどうなるかな?
佐伯――週末、月一、二回、朝十時から十五時までの五時間。編集作業はこれまでになく自分たちを振り返ったね。作業が終わっても気持ちはつながり続けていくような気がするね。
河内――最後に本当に充実したSKIPの時間を持てて、うれしかった。
相馬――この本を手にして、今度はSKIPみんなの思い出を聞きたいね。
逵――この作業をもっと多くのSKIPのメンバーと共有することができたらよかったという反省はある。
水野――NPOを解散することを書いた本なんて、いままでなかったと思う。これが私たちなりに納得した「SKIP終結宣言」だね。

＊

座談会後、予定通り私たちは久々にコンサートスタッフを務めた。お客様を迎えるまでの準備、親子連れの誘導に自然と体が動いた。解散すると言いながら、それぞれが心のなかに、もう一度やりたい、やれるという気持ちがいまもわずかにあって、それはくすぶり続けることだろう。

SKIPはNPO法人ではなくなるけれど、きっと緩やかにつながり続けていく。

朝の本格的クラシックコンサート
朝きく、パッションいかがです。
開演は午前10時45分、託児もついてます。
Good Morning Good Concert
Vol.4
ザ・ストリングス名古屋／5月19日[月]
諸岡研史＆石川ひとみ／6月10日[火]
青谷 良明＆栗本 洋子／6月30日[月]
ザ・コンサートホール

GOOD・MORNING GOOD・CONCERT・SERIES
ちいさな紳士・淑女のための
クリスマスファミリーコンサート
指揮：加藤典子
出演：コーロ・アマービレ
Coro Amabile
～天から降ってきた歌声～
クリスマスメドレー＆
ディズニーソングメドレー
1996.12.25(水)
午前の部 11:00～12:15
午後の部 14:30～15:45

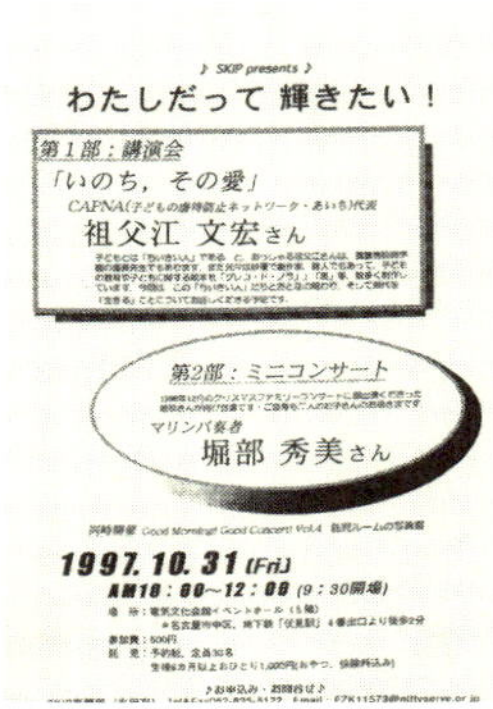
♪ SKIP presents ♪
わたしだって 輝きたい！
第1部：講演会
「いのち，その愛」
祖父江 文宏さん
第2部：ミニコンサート
マリンバ奏者
堀部 秀美さん
1997. 10. 31 (Fri.)
AM10：00～12：00 (9：30開場)

SKIP
石坂 啓さん講演会
日時：10月28日(土)
14:00―16:00
「家族」の楽しみ方

2002年度 SKIP 学習会
親子で知ろう
からだのこと 性のこと
講師 大塚 あつ子さん
と き＊10月19日(土)10:00～12:00
ところ＊ウィルあいち
1階セミナールーム1・2
参加費＊大人 800円 小学生 400円
おひとり 1,000円 (要予約)

2002年度 SKIP 学習会
座談会
はじめの一歩は十人十色 2002
と き ＊11月17日(日) 14:00～16:00
ところ ＊ウィルあいち
おひとり 1,000円
ウィルあいち県民参画イベント

Good Morning! Good Concert!!
10周年記念
池田京子ソプラノリサイタル
～秋風にのせて～
バリトン 佐野正一
ピアノ 高木由雅
2003 10/25 土
ザ・コンサートホール

SKIP PRESENTS Good Morning! Good Concert!!
ちいさな紳士・淑女のためのクリスマスファミリーコンサート Vol.10
フルートが奏でる
聖なるハーモニー
2004 12/24 金
ザ・コンサートホール

8月22日(火)
10:30～15:30
名古屋市女性会館
3Fホール
SKIP大交流会
きて！みて！SKIP!! 2006夏
入場料 300円(3歳以上)
ミニステージ
交流コーナー
座談会

年	月	日	イベント・できごと
2007	8	21	SKIP 大交流会「きて！みて！SKIP！！2007 夏」
	12	25	クリスマスファミリーコンサート Vol.13：TOMS Japan 室内楽メンバー
2008	2	17	男女平等及び参画を推進するための市民活動・研究支援事業 「親子で護身術を体験しよう！」福多唯（女性のための安全護身術 WEN-DO）
	6	19	Good Morning! Good Concert!!Vol.15：夏目久子（メゾソプラノ）＆橋爪圭子（ソプラノ）＆都築彩子（ピアノ）
	8	25	SKIP 大交流会「きて！みて！SKIP！！2008 夏」
	12	25	クリスマスファミリーコンサート Vol.14：ひとはな四重奏団〔矢口十詩子（ヴァイオリン）＆富久田治彦（フルート）＆山本直人（オーボエ）＆石川ひとみ（ピアノ）〕
2009	3	4	SKIP おしゃべり広場「IH クッキング体験＆電気の豆知識」協力　中部電力㈱ SKIP17 プロジェクト「新たな『わたしらしさ』と『わたしたちらしさ』に向かって」（～ 2010 年 1 月）
	6	16	Good Morning! Good Concert!!Vol.16　Final：三舩優子（ピアノ）
	12	25	クリスマスファミリーコンサート Vol.15：かとうかなこ（クロマチックアコーディオン）＆大森ヒデノリ（フィドル／マンドーラ）＆青木研（バンジョー）
2010	2		SKIP17 プロジェクト第1弾「SKIP で迎えるこれからの介護」（～ 2010 年 8 月）
	4	20	座談会「突然介護する立場に立ったときに」山根恵一郎（名古屋市社会福祉協議会）
	5	14	講座「認知症サポーター養成講座」高橋健輔（名古屋市瑞穂区西部地域包括支援センター）
	6	18	現地調査「介護現場見学ツアー」協力　特定非営利活動法人地域福祉サポートちた
	11		SKIP17 プロジェクト第2弾「もっと知ろうわたしのからだ」（～ 2011 年 2 月）
2011	1	25	講座「更年期って？」名古屋市中保健所職員
	2	13	講座「美しいエイジング―重力と加齢に負けないからだづくり―」白木和恵（助産師・健康運動指導士）
2013	8	21	SKIP20 周年記念　クロマチックアコーディオンわくわくコンサート：かとうかなこ（クロマチックアコーディオン）＆大森ヒデノリ（フィドル／ヴァイオリン）＆岡崎泰正（ギター）
2014	3	15	『SKIP 終結宣言』第 1 回編集会議（～ 2016 年 10 月）
2015	12	26	SKIP 臨時総会、解散
2016	11	1	SKIP終結宣言―私たちNPOを解散します―』（風媒社）発行

年	月	日	イベント・できごと
2003	5～7		Good Morning! Good Concert!!Vol.10：若林亜由（ヴァイオリン）＆山崎能子（ピアノ）／山崎祐介（ハープ）／三船優子（ピアノ）
	8	6	SKIP 大交流会「きてみて！SKIP！！2003 夏」
	10	25	Good Morning! Good Concert!!10 周年スペシャル 「池田京子ソプラノリサイタル～秋風にのせて～」: 池田京子（ソプラノ）＆佐野正一（バリトン）＆高木由雅（ピアノ）
	12	5 25	『東海版　ものづくり・手づくり体験ガイド』（風媒社）発行 クリスマスファミリーコンサート Vol.9：山下文恵＆堀部秀美（マリンバデュオ）、小栗多香子（ピアノ）他
2004	6～7		Good Morning! Good Concert!!」Vol.11：長谷部一郎（チェロ）＆原博美（ピアノ）、竹中勇記彦（ピアノ）／トリオdeブランチ（矢口十詩子（ヴァイオリン）＆山本直人（オーボエ）＆石川ひとみ（ピアノ））
	8	25	SKIP 大交流会「きて！みて！SKIP！！2004 夏」
	11	21	ウィルあいち県民参画イベント　ワークショップ「メディアからジェンダーを探ってみよう」
	12	24	クリスマスファミリーコンサート Vol.10：大西宣人＆大西圭子＆筧孝也＆筧敬子（フルート）
2005	1 2	30 6	名古屋市男女共同参画推進センター市民活動・研究支援事業　子どもと一緒にワークショップ＆授業参観　「こころ・からだ・いのち」（愛知助産師会）
	5～6		愛・地球博パートナーシップ事業 Good Morning! Good Concert!!Vol.12: イルジー・コレルト（ピアノ）／ロマン・パトチュカ（ヴァイオリン）＆伊藤仁美（ピアノ）／チェコ・セヴェラーチェク児童合唱団
	8	24	SKIP 大交流会「きて！みて！SKIP！！2005 夏」
	12	23	クリスマスファミリーコンサート Vol.11：かとうかなこ（クロマチックアコーディオン）＆大森ヒデノリ（マンドーラ／ヴァイオリン）＆田中良太（パーカッション）
2006	6	20	Good Morning! Good Concert!!Vol.13：ピアノトリオ　レソナンツ〔白土文雄（コントラバス）＆河村典子（ヴァイオリン）＆浅野真帆（ピアノ）〕
	7	30	福祉医療機構子育て支援基金助成事業「体験！はじめての護身術」福多唯（女性のための安全護身術 WEN-DO）
	8	22	SKIP 大交流会「きて！みて！SKIP！！2006 夏」
	11	23	福祉医療機構子育て支援基金助成事業「親子で体験！ミュージックベルを演奏してみよう！」浜田智子（ベル・プロモーション）
	12	25	クリスマスファミリーコンサート Vol.12：TOMS Japan 室内楽メンバー〔宗川論理夫（第1ヴァイオリン）＆平光真彌（第2ヴァイオリン）＆中村暢宏（ヴィオラ）＆星野順一（チェロ）＆竹内理恵（ピアノ）＆丹治清孝（コントラバス）＆山寛樹（パーカッション）〕
2007	2	4	福祉医療機構子育て支援基金助成事業「ピース❤ドリームコンサート」：柳沢里実＆柳沢久実（リコーダー・デュオ）・金井信（ピアノ）
	3	12	SKIP おしゃべり広場　座談会「斎藤次郎さんを囲んで」斎藤次郎（教育評論家）
	6	21	Good Morning! Good Concert!!Vol.14：松原雅美（フルート）＆新田祐子（オーボエ）＆岡林和歌（クラリネット）＆野村和代（ファゴット）＆加藤恵三（ホルン）＆宮崎由有（ピアノ）

年	月	日	イベント・できごと
2000	11	19	ウィルあいち県民参画イベント　講演会「未来を担う子どもたち～子育てはみんなで～」中田照子（同朋大学教授）
	12	8・9	日本子どもの虐待防止研究会　第6回学術集会あいち大会参加
	12	25	クリスマスファミリーコンサート Vol.6: 森やよい（メゾソプラノ）、竹内雅一（クラリネット）、大西宣人（フルート）、依田嘉明（ファゴット）、須内祐子（オーボエ）、川尻登夢（ホルン）
2001	1	13	NPO フェスタあいち 2001 ブース出展
	2	14	トランペットコンサート：ウーヴェ・コミシュケ（トランペット／コルノ・ダ・カッチァ）＆伊藤仁美（ピアノ）
	2	25	講演会「これまでの私　これからの私─SKIPで上野千鶴子に○○○を学ぶ─」上野千鶴子（東京大学大学院教授）
	5～6		Good Morning! Good Concert!!Vol.8：中岡秀彦＆中岡祐子（ピアノデュオ）／山本直人（オーボエ）＆石川ひとみ（ピアノ）／狩野泰一（篠笛／パーカッション）＆三好功郎（ギター）
	7	3	学習会「時代の流れとジェンダー観～女性学入門編～」中島美幸（愛知淑徳大学非常勤講師）
	9	11	SKIP 大交流会「きてみて！SKIP！」
	9	25	『ママたちのモーニングコンサート─私らしく輝きたい─』（雲母書房）発行
	10	27	「のぼさんワクワクコンサート」：福尾野歩（旅芸人）
	11	18	ウイルあいちフェスティバル2001学習会「選び取る～幸せは自分でつかもう～」竹信三恵子（朝日新聞社）
	12	25	クリスマスファミリーコンサート Vol.7：金井信（ピアノ）、柳沢里実＆柳沢久実（リコーダーデュオ）
2002	2	17	社会福祉医療事業団（子育て支援基金）助成事業　「きてみて！スペシャルイベント」　講演会「おばあさんは山へ柴刈りに？～カジュアル感覚の男女共同参画セミナー～」奥山和弘（静岡県教育委員会社会教育課）、コンサート「春待ちコンサート～女性5人による声楽アンサンブル～」：Sei Voci（声楽アンサンブル）
	3		『2001 年度学習会のまとめ　選び取る「私らしく生きるために」』発行
	5～7		Good Morning! Good Concert!!Vol.9：伏見千絵（ヴァイオリン）＆渡部真理（ピアノ）／近藤綾子（ピアノ）／夏目久子（メゾソプラノ）＆都築彩子（ピアノ）
	7	11	学習会「もっと知ろう　わたしのからだ」白木和恵（助産師・健康運動指導士）
	9	26	SKIP 大交流会「きてみて！SKIP！! 2002」
	10	19	学習会「親子で知ろう　からだのこと　性のこと」大塚あつ子（愛知“人間と性”教育研究協議会）
	11	17	ウィルあいち県民参画イベント　座談会「はじめの一歩は十人十色　2002」佐伯恵子（SKIP）、神谷恵子（SKIP）、田中伊津子（SKIP）
	12	25	クリスマスファミリーコンサート Vol.8：堀山公子（ソプラノ）、千葉紗子（ソプラノ）、井原義則（テノール）、神谷敏男（バリトン）、波多野むつみ（司会）、ティンカーベル（スライド）、天石佐保子（ピアノ）、加納英里子（ピアノ）、山田優里亜（フルート）
2003	3	18	Good Morning! Good Concert!! スペシャル：ウーヴェ・コミシュケ（トランペット＆コルノ・ダ・カッチァ）＆渚智佳（ピアノ）

年	月	日	イベント・できごと
1998	2	5	講演会「わたしらしくStep Up！～学習から行動へ～」白井えり子（日進市議会議員）
	3	25 26	子どもワークショップ「子どもが犯罪やいじめから自分を守るために」名古屋CAP 『1997年度学習会のまとめ　わたしらしさを求めて』発行
	5～6		Good Morning! Good Concert!!Vol.5：伊藤仁美（ピアノ）／アンサンブル・ルスト（室内楽）／酒井康雄（ギター）
	6	30	講演会「これからを女性が楽しく生きるには！」高橋道比己（仮説実験教室）
	8	20	レモン・ママ コンサート：レモン・ママ（音楽グループ）
	9	22	私だって輝きたい！Vol.4　講演会「子育てパパはゆかいな先生!!～教室の子どもたちからかぞくが見える～」岡崎勝（小学校教諭）
	11	21	ウィルあいち県民参画イベント参加、講演会「女と男、あなたとわたし　発見しよう！自分らしさ」水野阿修羅（大阪「メンズ・リブ研究会」）
	12	25	クリスマスファミリーコンサートVol.4：堀部秀美（マリンバ）・小栗多香子（ピアノ）、岡田優子（ナレーター）、小島岳志（フルート）、近藤直美（マリンバ）、西川由美（エレクトーン）、寺沢幸江（編曲）、竹内江奈（オーボエ）、高橋敦子（打楽器）
1999	3	14	学習会「NPOって何？」林朋子（市民フォーラム21・NPOセンター） 『1998年度学習会のまとめ　コミュニケーションは出会いから』発行
	5～6		Good Morning! Good Concert!!Vol.6：アンサンブル・ソノリタス（室内楽）／山崎祐介（ハープ）／三舩優子（ピアノ）
	7	1	講演会「自分らしく生きよう！～一歩踏み出すために～」白瀧昌子（らくらくカウンセリングオフィス）
	9	14	私だって輝きたい！Vol.5　座談会「はじめの一歩は十人十色」コーディネーター岡久美子（シニアライフ研究所）、小川昌代（SKIP）、逵志保（SKIP）、寺田千恵（SKIP）
	10	30	「のぼさんワクワクコンサート」：福尾野歩（旅芸人）
	11	20	ウィルあいち県民参画イベント　講演会「子どもの心探検隊の斎藤次郎さんが語る　どうなってるの？　今の学校・子どもたち」斎藤次郎（教育評論家）
	12	24	クリスマスファミリーコンサートVol.5：山口雅子（ソプラノ）、井原義則（テノール）、古田真寿美（メゾソプラノ）、石川保（バリトン）、佐藤真由美（ピアノ）
2000	3		『1999年度学習会のまとめ　いつも輝く私でいるために～心・軽く、楽しく～』発行
	6		Good Morning! Good Concert!!Vol.7：中沖玲子（ピアノ）／中川さと子（ヴァイオリン）＆光部雅人（ピアノ）／池田京子（ソプラノ）＆木村聡（バリトン）＆犬飼美代子（ピアノ）
	7	18	NPO法人申請
	9	4	学習会　アサーティブ入門「よりよいコミュニケーションをもとめて」赤沢ヒロ子（YWCA）
	10	18	ＮＰＯ法人認証
	10	28	講演会「『家族』の楽しみ方」石坂啓（漫画家）
	11	1	NPO法人設立

SKIP のあゆみ

年	月	日	イベント・できごと
1993	4		名古屋市女性会館主催の託児付き講座で、初代メンバー4人出会う
	9		企画グループ「SKIP」結成
1994	5～6		全国初の託児付き朝10時45分からの本格的クラシックコンサートGood Morning! Good Concert!!Vol.1：加藤典子（ソプラノ）／若林亜由（ヴァイオリン）／中田京子（ピアノ）
	9		SKIP交流会　活動に共鳴したメンバーで「SKIP　CLUB」結成
1995	4～6		Good Morning! Good Concert!!Vol.2：井原義則（テノール）／寺本義昭（フルート）＆神谷朝子（ハープ）／天野武子（チェロ）
	9	25	私だって輝きたい！Vol.1　講演会「『子育て』と『自分育て』」山田眞澄（キリン舎）／「子ども立てれば私が立たず」岡久美子（シニアライフ研究所）
	9	26	（財）愛銀教育文化財団より「平成7年度教育・文化活動に関する助成金（団体部門）」を受理
	10		SKIP通信1号発行～58号（～2016年10月）
	12	25	クリスマスファミリーコンサートVol.1：堀部秀美（マリンバ）
1996	5～6		Good Morning! Good Concert!!Vol.3：松岡和美（クラリネット）／朝枝信彦（ヴァイオリン）／角田和美（ピアノ）
	6	2	ウィルあいち開館記念イベント参加、展示コーナー出展
	7		名古屋市女性学習活動研究委託　受託
	9	12	私だって輝きたい！Vol.2 「第1部　音楽家のトークショー～マリンバ奏者堀部秀美、クラリネット奏者松岡和美～」「第2部　輝く女性からのメッセージ」山田眞澄（キリン舎）、浅井栄子（フリーアナウンサー）
	9	26	講演会「女性の社会進出と母性神話」岡久美子（シニアライフ研究所）
	10	29	講演会「文学にみる『母』と『父』」中島美幸（愛知淑徳大学非常勤講師）
	12	25	クリスマスファミリーコンサートVol.2：加藤典子（指揮）、コーロ・アマービレ（合唱）
1997	1	14	講演会「私たちがまちづくりの主役に！～素敵なまちをつくりたい～」ごとう尚子（「女性を議会に！　ネットワークあいち・ぎふ・みえ」）
	3		『1996年度学習会のまとめ　女性の自己実現と母性神話』発行
	5～6		Good Morning! Good Concert!!Vol.4：ザ・ストリングス名古屋（弦楽アンサンブル）／諸岡研史（オーボエ）＆石川ひとみ（チェンバロ）／青谷良明（ファゴット）＆栗本洋子（ピアノ）
	10	31	私だって輝きたい！Vol.3　講演会「いのち、その愛」祖父江文宏（CAPNA）、ミニコンサート：堀部秀美（マリンバ）
	11	14	ウィルあいち県民参画イベント　講演会「自分で選んでいますか?あなたの生き方～主婦は○□ing～」能登谷朋子（リクルート）、岡久美子（シニアライフ研究所）
	12	25	クリスマスファミリーコンサートVol.3：青谷良明（ファゴット）＆栗本洋子（ピアノ）
1998	1	24	講演会と模擬ワークショップ「子どもを犯罪やいじめから守るために」名古屋CAP

［編集委員］
河内かをる（かわち・かをる）
佐伯恵子（さえき・けいこ）
塩田由美子（しおた・ゆみこ）
相馬ひとみ（そうま・ひとみ）
逵 志保（つじ・しほ）
水野真由美（みずの・まゆみ）

SKIP の会報はウィメンズアクションネットワーク（WAN）
http://wan.or.jp のミニコミ図書館でご覧いただけます。

装幀／粥川悦子

SKIP 終結宣言――私たち NPO を解散します

2016 年 11 月 1 日　第 1 刷発行　（定価はカバーに表示してあります）

編著者　SKIP 編集委員会
発行者　山口　章

発行所　名古屋市中区上前津 2-9-14　久野ビル
電話 052-331-0008　FAX052-331-0512
振替 00880-5-5616 http://www.fubaisha.com/
風媒社

乱丁・落丁本はお取り替えいたします。　＊印刷・製本／シナノパブリッシングプレス
ISBN978-4-8331-3174-2